副島隆彦の政治映画評論

ヨーロッパ映画編

副島隆彦 著
Soejima Takahiko

ビジネス社

まえがき

この本は、私の映画評論の本の4冊目である。この本では近年のヨーロッパ映画の名作を集めて「ヨーロッパ映画編」と銘打って1冊とした。

いい映画に出くわして、思わず魅《ひ》き込まれて、一場面の一瞬の重要性にハッと気づく。その時の大発見がないなら、私は映画評論などやらない。

たとえば、ルキノ・ビスコンティ監督の往年の名作『山猫《やまねこ》（イ・ガトパルド）』（1963年）の謎が解けた。この本で取り上げた『副王家《ふくおうけ》の一族（イ・ビチェーレ）』（2007年、ロベルト・ファエンツァ監督）によって一気に解けた（本書P28）。私はヨーロッパ映画（そしてオペラ）の大作の中に折り込まれた、ヨーロッパとは何か、の大きな謎に日本人として挑戦した。このように豪語する。だからこの本を読んでください。

この世の大きな真実に気づくためには、ピンとこなければいけない。一瞬の情景や、一行のセリフにハッと思って、ピンとこないようなら、私に政治思想（ポリティカル・ソート）の解読者としての資格と能力が足りないことになる。

私はハッと気づいて、ピンとくる人間である。それは私の持って生まれた（生得《せいとく》の）才能だ。

私は、「副島隆彦の政治映画《せいじえいが》の評論」という独自の文化・教養ものの出版物のジャンルを打ち立てた。2000年に刊行した『ハリウッドで政治思想を読む』（メディアワークス社刊）からである。私は自分が創始したこの「政治（ポリティカル）映画（ムーヴィー）の評論（レヴュー）」という部門（カテゴリー、ジャンル）を自分が死ぬまで開拓し続ける。私の本のお客となってくれる、生来の鋭い感覚と嗅覚をした少数の読者・理解者に恵まれ続けるか否か、だけが気がかりだ。お客（読者）が足りないと燃料（収入）が切れて前に進めない。次の世代に読み継いでもらえない。

私が切り拓《ひら》いたこの「政治映画の解説の本」という分野で、厳しく世界基準《ワールドヴァリューズ》での真実の暴《あば》き言論を、私は押《お》し相撲《ずもう》でエイ、エイとこれからも真っ正面から押してゆく。それだけの自負と覚悟がなければ、こんな威張り腐ったまえがきは書けない。

私は映画の形を借りた、世界各国の優れた諸見識《しょけんしき》を、日本に現地（産出地）の高品質のまま直輸入でお見せする。

副島隆彦

副島隆彦の政治映画評論　ヨーロッパ映画編　目次

第3章 イスラム教とは何か

第4章　戦争の真実

第5章　フランスという文化

第6章　現代の憂鬱

第1章

キリスト教という圧迫

ヨーロッパの戦う女の原点を発掘した大作

『アレクサンドリア』

原題：AGORA

製作国：スペイン（2009／127分）
監督：アレハンドロ・アメナーバル
出演：レイチェル・ワイズ／マックス・ミンゲラ／オスカー・アイザック／マイケル・ロンズデール／サミ・サミール

4世紀末のエジプトに実在した女性天文学者ヒュパティアの悲劇の物語を壮大なスケールで描く歴史スペクタクル巨編。主演は「ナイロビの蜂」でアカデミー賞助演女優賞を受賞したレイチェル・ワイズ。ギリシア人を制圧したあとのローマ帝国も崩壊が始まっていた。

エジプトの中心都市アレクサンドリアにも混乱が迫る。台頭してきたキリスト教徒と、古代のギリシアの神々を守ろうとする者たちの対立が激化。自分の教え子がたちローマ帝国への忠誠を誓い出世を遂げる中、ヒュパティアは変わらず太陽中心説（地動説）研究に没頭していた。

『アレクサンドリア』DVD　価格：3800円+税　発売：ギャガ

世界史に輝く大図書館の再現映像に圧倒

古代のアレクサンドリアに世界一の大変すばらしい大図書館があったことは、日本の教科書にも書いてある。私たちも習って知っている。エジプトといってもアレクサンドリアは地中海に面していて今にも海に呑み込まれそうな都市である。アレクサンドリアは古代ギリシア文明の最後の大きな華《はな》である。ここの大図書館がどれほどの巨大な知の収蔵施設であったのか私たちには容易にわからない。この映画で初めて高角度からの再現映像で大図書館の外観が再現され描かれていて感動した。この古代アレクサンドリア図書館は、地盤が海面に沈下した地区にあるらしく、今私たちが観光旅行で行っても何もない。

このアレクサンドリアが１０００年間にわたって地中海世界全体の最高の学問都市であり、古代の天文学《アストロノミー》（占星術でもあったろう）と地理学《ジオロジー》の研究の中心でもあったことがわかって、大変勉強になる良い映画だ。世界史の勉強には、優れた政治映画をたくさん見るのが一番である。政治は歴史（学）と重なっている。そのあと時代考証や日本で手に入る限りの文献あさりをすればよい。

４世紀、太陽系の構造を解き明かそうとして研鑽したひとりの女性天文学者ヒュパティア（Hypatia　３７０頃～４１５）がいた。彼女はこの大図書館の館長の娘だったらしい。西暦４１５年、彼女は魔女《ウイッチ》として偏狭な宗教勢力から狙われて八つ裂きにされた。彼女は学問所に通うために自分の専用の馬車に乗っていたところを捕まってひきずり降ろされ、真っ裸にされて打たれ、貝殻で全身の肉をそぎ落とされ殺された。史実である。

　ところが彼女に襲いかかった宗教勢力が、なんと貧しい者たちの味方で奴隷たちの解放を応援したはずのキリスト教徒たちだった。なぜなら西暦325年のニケーア宗教会議（ニカイア信条の制定）の後、それまで抑圧されていたキリスト教が、次第にローマ帝国の国教になっていった。それまで弾圧され抑圧されていた宗教が体制側の思想になっていった。複雑な話である。

　しかし、考えてみれば当然のことだが、ギリシアで発祥した西洋の後の近代学問（モダン・サイエンス。science、スシヤンス、スキエンザ）の精神は、どうせ必ず体制と化したキリスト教と衝突する。サイエンス（学問。私は科学《かがく》という意味不明の日本語訳語が嫌いだ）それと愛知学《あいちがく》（フィロソフィア。philosophia　知＝ソフィアを愛する＝フィロ。私は哲学《てつがく》という言葉、訳語が嫌いだ。西周《にしあまね》がつくった）は、この地上で明晰に解明された諸事実《ファクト》しか尊重しない。それに対して宗教《レリジョン》は、どんなに寛容を説いても学問の精神《サイエンス・スピリット》とは相容れない。

　天文学者のプトレマイオス（彼も、アレクサンドリアで2世紀に生きた大学者だ）が唱えた天動説（地球中心主義《ジオセントリック》）に対して大きな疑問を抱き、ヒュパティアたちはアリスタルコス（紀元前310頃～前230頃）が初めに言いだした太陽中心説《ヘリオセントリック》（地動説）を蘇らせようとした。

　本作品は、ローマ帝国末期に実在した美貌の女性天文学者の運命を、ヨーロッパ映画界が最

自分の奴隷を愛したヒュパティア

キリスト教徒が暴徒となってギリシア知識人たちを襲う。

大図書館に逃げ込んでここを拠点にしてヒュパティアたちは学問の自由、人間の精神の自由を守ろうとする。

大級の製作費を投じて描いた史劇である。監督は、『海を飛ぶ夢』（２００４年）のアレハンドロ・アメナーバル。本国スペインで、２００９年のゴヤ賞を7部門で受賞してスペイン映画最高興行収入を記録した。

ローマ帝国が崩壊寸前の4世紀末のエジプトのアレクサンドリア。人々は古代の神をあがめていたが、ユダヤ教とキリスト教が勢力を広げつつあった。天文学者ヒュパティア（レイチェル・ワイズ）は美貌と知性に恵まれ、多くの弟子たちから慕われていた。そのひとりオレステス（オスカー・アイザック）は彼女に愛を告白する。しかし、学問一筋のヒュパティアは拒絶する。ヒュパティアに仕える奴隷ダオス（マックス・ミンゲラ）も彼女に思いを寄せていた。が、その身分ゆえにそれは秘する恋だった。

キリスト教徒たちに古代のギリシアの神々を侮辱された学者たちは、彼らに反撃した。ヒュパティアはローマの司法長官に訴えるべきだと反対した。が、決定権を持つ自分の父テオン（ミシェル・ロンズデール）は耳を貸さない。キリスト教徒がさらに多勢を集めて返り討ちに来た。学者たちは大図書館に逃げ込んだ。争いの裁きを委ねられたローマ皇帝は「科学者たちの罪は問わない。その代わりに、大図書館を放棄して出てゆくように」と命じた。ダオスは愛するヒュパティアに奴隷としてついて行くか、それともキリスト教に改宗して自由を手に入れるか迷う。取り乱したダオスはヒュパティアに叱責され彼女と決別し、キリスト教の指導者アンモニオス（アシュラフ・バルフム）に扇動され、ギリシアの神々の像を打ち壊す。そしてキリスト教徒たちは図書館の書物を燃やした。

この西暦391年の事件のあと、アレクサンドリアではキリスト教とユダヤ教のみが認められることになり、多くの異教徒《ペイガン》はキリスト教に改宗する。数年後の395年にローマ帝国は東西に分裂する。改宗したヒュパティアの元の教え子のオレステスがアレクサンドリアの長官になった。もうひとりのヒュパティアの生徒シュネシオス（ルパート・エヴァンス）は主教《ビショップ》に、奴隷だったダオスは修道院の兵士となっていた。ヒュパティアは、地球と惑星の動きを解明しようと研究に励んでいた。

キリスト教徒はユダヤ教を弾圧し始め、指導者のトップ・キュリロス主教（サミ・サミール）は、ユダヤ人の女子供まで皆殺しを命じる。アレクサンドリアの支配を目論むキリスト教勢力の頭目のキュリロスは長官オレステスの失脚を狙う。彼の弱点が、秘かに愛する先生のヒュパティアであることに気づく。

客観的真理の探究のために苦闘する愛知者《フィロソファー》ヒュパティアはローマ人の勢力からも憎まれた。もうひとりのかつてオレステスは学生だった時、市民劇場の公開の場で、公然と彼女に求愛した。翌日の学問所での授業で、彼女はオレステスに「学者には性愛《エロス》は要りません」と、なんと、自分の月経《メンゼス》の血がついた布切れを手渡す。他の学生たちの見ている前でだ。西洋の知識層の人々の世界では今では有名な実話らしい。学問的真理しか信じないがゆえに、当時のアレクサンドリアの都市の中で互いにいがみ合う各派の宗教政争の中で、キリスト教に対しても屈することなくヒュパティアは昂然と犠牲者となっていった。

彼女は特定の男（人間）など愛さなかった。特定の男（あるいは女、あるいは人《ヒト》）を愛することなどくだらないことだ。ゆえに、ヒュパティアは、今では欧米の女性解放運動の女性たちの輝ける偉人の列に加わっている。

1000年にわたりギリシア語が地中海世界の公用語だった

なぜ、ヒュパティアが、こんなにも初期キリスト教徒たちから憎まれたか。それは、ヒュパティアたちが、実は、ギリシア語で本を書き、ギリシア語で生活していたからだ。ヒュパティアたちアレクサンドリアの上流階級の人間たちは、紀元後4世紀という、ローマ帝国の全盛期にあっても、ラテン語（ローマ語）さえもバカにして見下していた。当時の世界帝国《ワールド・エンパイア》であったローマ人たちさえも睥睨《へいげい》させるほどの高貴な威張り方をギリシア人たちはしていたのだ。

ローマ帝国が、紀元前148年に、アテネに侵攻しパルテノン神殿までも破壊しつくすほどの軍事力でギリシア人の同盟《ヘレネス》を打ち破った。なぜなら、ギリシア人たちはローマの宿敵カルタゴ（フェニキア商人）と同盟を結んでローマに対抗していたからだ。だからギリシアを討ち滅ぼした。それでも、ローマ人はギリシア文明の高度さに頭が上がらなかった。征服したギリシアの貴族たちを奴隷にしてローマに連れ帰って、ただの奴隷にはせずに家庭教師にした。そしてギリシア語でローマの貴族の子供たちに教育を与えた。

だから、紀元前5世紀から紀元後5世紀までの実に1000年間にわたって、地中海世界、いや今のヨーロッパ（ゲルマン族という野蛮な原住民《バルバロイ》たちやダキアやダルマチア）で何が共通言語であったか。何とローマ帝国の官僚語と、公式言語はギリシア語だったのだ。それを「リンガ・フランカ」Lingua Franca という。だから「イエス・キリストという男の物語」すなわち新約聖書《ニュー・テスタメント》も、一番古いものはギリシア語で書かれているのだ。しゃべり言語《スポークン・ランゲッジ》としては、イエス・キリストたちは、今のシリアあたりの方言であるアラム語を話していた。しかし書き言葉《リトン・ランゲッジ》（正書体）としてはギリシア語である。

古代の日本には文字がないから、中国語（漢字、漢文）で文書が書かれたのと同じことだ。だから4、5世紀のアレクサンドリアのヒュパテアたちは誇らし気にインテリ層としてギリシア語で生活していたのだ。それが下層のエジプト現住民たちとローマから来たキリスト教徒たちは気に入らなくて憎しみを抱いたのだ。

ここまで話を大きく広げていいのか私もわからない。しかし書いておくべきだから書く。私が、こういう本当の西洋世界とは何か、の大きな話を書いて残さないと、日本人の生来の読書人層（学歴なんかはなくてもいい）に、真実が伝わらず移植《トランスプラント》しないからだ。

女王クレオパトラ（Kleopatra　前69～前30）は、このアレクサンドリアにいたのだ。彼女は、その美貌と、8カ国語をしゃべったという優れた頭脳で、ローマの最高実力者のシーザー（カエサル）を上手にたらし込んだ。魅了して、自分のとりこにした。シーザー（Caesar　カエサル前102~前44)は、クレオパトラをローマの都に連れ帰って壮麗な凱旋《がいせん》行進をした(紀元前46年)。それがイギリス映画の大作『シーザーとクレオパトラ』(1945年)だ。

このことがシーザーの命取りとなった。

シーザーはブルータスたちに独裁者だとして暗殺された。そのあとの実力者になったシーザーの幕僚《スタッフ》だったアントナイナス(アントニウス)もまた、クレオパトラの虜《とりこ》になった。そしてアレクサンドリアの都市の目の前の海でくりひろげられた武装船団同士の激突であるアクチウムの海戦で敗れた。

そしてクレオパトラは自分で毒ヘビに噛ませて死ぬ。ということは、シーザーもアントナイナスも、上品なギリシア語も話すクレオパトラに、劣等感もあってコロコロと参ったのだ。このあとアントナイナスを破ったのは冷酷な勝利者オクタヴィアヌスである。彼はシーザーの養子である。『アントニーとクレオパトラ』(1972年)という大作映画もある。

オクタヴィアヌスは、アウグストゥス(抜《ぬ》きん出た者)という称号をローマ元老院から贈られる。これが初代ローマ帝皇(エンペラトーレ)である。そうするとシーザー(カエサル)は何なのかということになる。だからシーザーは0《ゼロ》代皇帝(帝国《エンパイア》の創始者)なのである。そして、この0代皇帝シーザーがツアーリ(Czar　ロシア語で)やカイゼル(Kaiser　ドイツ語で)という呼び名(称号)になったのだ。

だから女王クレオパトラは、ヒュパティアの祖先ギリシア人なのである。クレオパトラは、プトレマイオス王朝というエジプトを征服支配した王家の13代目の女王なのだ。（弟と共に王国だった。共治《きょうち》）。

王朝の創始者のプトレマイオス王（Ptolemaios　前323〜前30）とは、アレキサンダー大王の幕僚《スタッフ》（友人で将軍）だった男だ。神懸《かみがか》りの人物だったアレキサンダーは幕僚たちに暗殺された。そして幕僚の将軍たちは祖国マケドニア（ギリシアの一部で当時ギリシアを支配した）に戻っていった。しかしプトレマイオスはエジプト（だから首都の名がアレクサンドリアだ）にとどまり王朝を開いた。その13代目のクレオパトラも、ヒュパティマも、自分のことを誇り高いギリシア白人だと考えていたのである。

イタリア知識人層とカトリックとの壮絶な闘い。最高級の政治映画

『ポー川のひかり』

原題：CENTO CHIODI

製作国：イタリア（2006／94分）
監督：エルマンノ・オルミ
出演：ラズ・デガン／ルーナ・ベンダンディ／アミナ・シエド／ミケーレ・ザッタラ／ダミアーノ・スカイーニ

『木靴の樹』で知られるイタリア映画界の長老エルマンノ・オルミ監督の作品。自身最後の長編として撮りあげた。夏期休暇中のボローニャ大学で、大量の貴重な古文書に釘が打ち込まれているのが発見された。

容疑者として浮かび上がったのは、学年末の授業を最後に姿を消した若い哲学教授。放浪のすえポー川上流にたどり着いた彼は、そこで見つけた廃屋で暮らし始める。質素な生活と素朴な村人たちとの交流。美しい川沿いの風景の中で、「キリストさん」と呼ばれた教授は消えた。

『ポー川のひかり』DVD　価格：4800円+税　販売：紀伊國屋書店

イタリアの伝統を受け継ぎキリスト教のあり方を問う

北イタリアのボローニャ大学の荘厳な図書館で、多くの貴重で高価な書物に次々と無惨に釘が打ち付けられて破損し、散乱していた。犯行者はその後、イタリア北部ロンバルディア平原一帯を流れるポー川流域にまでやってきて、衣服を川に投げ捨て書類まで投げ捨てる。そして川沿いのやぶの中の廃屋に住みつく。将来を嘱望された若い宗教学者である彼は、やがて川岸に住む老人たちから「キリストさん」と呼ばれるようになる。朝な夕なにポー川の川面に照り返る陽が美しい。

事件を起こす前、授業のあと彼の研究室にインドからの女子留学生が来た。そして「私は貧しい自分の国の人々を助けたいと思っています」と言う。彼は、「人々を助けることなどできない。自分を助けるのがやっとだ」と言う。そしてその女子学生の額にそっとキスをする。事件直前の最終講義を、彼は「もはや純粋性が失われた今の時代に、私たち人間の存在を解明するのは、ただ狂気だけなのか」というドイツの哲学者ヤスパース（カール・ヤスペルス Karl Theodor Jaspers　1883〜1969）の言葉で締めくくる。

この河川流域を管理する役人たちがやってくる。川岸を不法占拠している老人たちをいじめて罰金を科す。彼は自分が持ってきたお金をすべて差し出す。この後、「キリストさん」は通報されて捕まる。そして大学に引き戻される。そして図書館長も兼ねていた老司教と対決する。

老司教は「神はこれらの書物の中におられる。お前は何ということをしたのだ」と激しく詰問する。彼は、長年、図書館に収蔵されているこれらの貴重なキリスト教の古文書を、自分の宝物にしていた。すると教授（犯行者）は、「神がそのようなものなら、神は虐殺者だ。神は世界を救うことをしなかった。だから、私はここの書物たちを処刑したのだ」と言い放つ。

生身《なまみ》のキリストは死んだあと、書物や祭壇の中で偶像化され、崇高な神《ゴッド》となって奉《たてまつ》られた。偽善的で難解なローマ・カトリック教会の教義（ドグマ）の中に閉じ込められた。こうして人類の2000年が経《た》った。そしてしまいには、神学《セオロジー》そのものが人類（人間）への抑圧の手段になってしまった。

現代イタリアの異才、エルマンノ・オルミ監督が引退宣言して作った作品だという。この映画にはイタリアの聖職者たちへの奥深い根源的な批判が潜む。それは怒りと呼んでもよいほどのものだ。

神（ゴッド）あるいは天（ヘブン）と、民衆の間に立つ、法王（教皇 Pope《ポープ》 Papa《パパ》）や大司教（アーチビショップ）や枢機卿（カーディナル）たちは一体何をする人々なのか。何のために存在するのか。本当は必要ないのではないのか。法王も大司教も枢機卿たちも本当は要らないのだ。素朴な道端の神をこそ大切にしたアッシジの聖者フランチェスコや、マグダラのマリア（イエス・キリストの本当の妻だった）への切実な民衆信仰に人間の救いがある。このことをイタリア人の監督たちは描き続けた。この映画もその伝統の中にある。

イエス・キリストもただの人間の男だった

川岸に不法に住みつく老人たちに「キリストさん」と呼ばれて慕われた。

町のパン屋の娘がパンを届けに来てくれた。このあと、キリストさんは消えていなくなった。そして川の景色だけが映される。

ローマ・カトリック教会（教団、ヴァチカン）が、どれほどの深い罪を背負った人々であったことか。イタリアの最も秀れた人々は、お膝《ひざ》元にいるが故にローマ教会がこの地上の人類にとって悪の権化そのものであることをよくよく知っている。

イタリア北部のロンバルディア平原を流れてアドリア海へとそそぐポー川は、日本の映画好きにとっては、ロベルト・ロッセリーニ監督の名作『戦火のかなた』（１９４９年）や、ベルナルド・ベルトルッチ監督の『１９００年』（１９７６年）の舞台でもある。『戦火のかなた』では、ドイツ軍に捕まって次々に銃殺され、川に投げ込まれるイタリア・パルチザンの農民兵の姿が鮮烈だった。いっしょに捕まったアメリカ兵の情報将校たちだけが戦争捕虜として連れられていった。私たちには、往年のイタリア映画の名作の数々への追慕の念がある。粗暴な暴力と破壊ばかりのアメリカ・ハリウッド映画の世界民衆洗脳の時代はそろそろ終わりにしてほしい。

『木靴の樹』（１９７８年）でカンヌ映画祭パルムドール、『聖なる酔っぱらいの伝説』（１９８８年）でヴェネチア映画祭金獅子賞を受賞したイタリアの巨匠エルマンノ・オルミ監督の最後の作品だ。この映画でオルミ監督は、イタリアの俊英の宗教学者の大学教授と田舎の人々との交流に新約聖書を重ねあわせた。イタリア人にとって自分たちの歴史は重苦しいカトリック教会との歴史だ。主役は『アレキサンダー』（２００４年、オリヴァー・ストーン監督）のラズ・デガンが演じている。

再度あらすじを追う。イタリア、ボローニャ大学。夏期休暇中で人気《ひとけ》の無い学内で、大量の古文書が太い釘で打ち抜かれているのが発見される。〝書物の大虐殺〟に大学は騒然となった。容疑者とされたのは、将来を期待されていた哲学科の主任教授（ラズ・デガン）だった。彼は前日の学年末の授業を最後に姿を消した。そしてあてもなく車を走らせた。途中で車を捨てると、車のキー、ジャケットをポー川に投げ捨て、わずかな所持品を手に川沿いを歩き始める。川岸の朽ちかけの小屋を見つけて住処にした。

彼は、郵便配達の青年ダヴィデ、パン屋で働く若い娘ゼリンダと知り合う。さらに、小屋の近所で共同生活を営んでいた老人たちも彼に関心を示す。元煉瓦工のダヴィデと老人たちの協力で、廃屋はそれなりの小屋に生まれ変わった。老人たちは、いつしかイエス・キリストに似た風貌から、彼を「キリストさん」と呼び始める。純朴な村人たちとの交流に、笑顔を取り戻してゆく。

ところがある日、ポー川を管理する役人が訪れ、川沿いの住居は違法だとして老人たちに立ち退きを迫る。彼らの住居が流域に港を建設する計画を妨害していた。彼は立ち退き拒否の請願書作成を依頼される。だが、彼は「それはあなたたち自身の言葉で作るべきだ」と告げる。その助言に従い、老人たちは請願書を作り始めた。

そこへ、さらなる行政の追い討ちがくる。国有地占拠の罪で罰金を科してきた。追い詰められた老人たちに、教授は自分が唯一残しておいたクレジットカードを差し出す。それでも立ち退きを強制するためのショベルカーが乗り込んできた。クレジットカードの使用歴から教授の居場所を突き止めた警察も姿を現す。「みんながここに残って平和に暮らせることを祈っています」と言い残し、彼は連行されていく。

そして再びこの川岸に帰って来た。だが、パン屋の娘ゼリンダがパンを届けに来た時、彼はもういなかった。「キリストさん」はこの地にボーッと復活（resurrection　レザレクション）したあと消えた。

第2章

歴史を識《し》る

ヴィスコンティ『山猫』の謎がやっと解けた

『副王家の一族』

原題：I VICERE（イ・ヴィチェーレ）

製作国：イタリア（2007／126分）
監督：ロベルト・ファエンツァ
出演：アレッサンドロ・プレツィオージ／ランド・ブッツァンカ／クリスティーナ・カポトンディ／グイド・カプリーノ／フランコ・ブランチャローリ

イタリアの統一（1861年）を目前に控えたシチリアを舞台に、国王の代理として領地を統治する副王家の末裔である名門貴族が、激動の時代の中で繰り広げた骨肉の愛憎劇である。名門貴族ウゼダ家では、封建的な当主ジャコモが絶大な権力を振るっていた。

遺産相続のために弟を追放し、権力維持のため娘に政略結婚を強いる父に嫡男のコンサルヴォは反発する。国内には民主化の波が押し寄せ、貴族社会が終焉を迎えようとしていた。この息子の成長を追う。監督は「鯨の中のジョナ」のロベルト・ファエンツァ。

『副王家の一族』DVD　価格：3800円＋税　販売：JSDSS（ジーダス）

イタリア貴族の確執で権力者の意地を見せる名作

この映画で私は『山猫』の本当の意味がわかった。驚いた。

イタリア映画界の巨匠ルキノ・ヴィスコンティの最高傑作『山猫』（Il Gattopardo《イ・ガトパルド》　1963年）のリメイク作品のようだ、という噂を私は聞いていた。鼻で笑いながら観ようと思った。ところが、観始めて目がスクリーンに釘付けになった。驚くべき名作である。映画ファンは絶対に見逃せない。ロベルト・ファエンツァ監督は、ヴィスコンティの伝統を受け継ぎながら、新しい視点で、わかりやすく、この映画でイタリア貴族社会について教えてくれる。

題名の副王《ふくおう》（イ・ヴィチェーレ）とは、スペイン王ブルボン家の代理人として、19世紀半ばのシチリアを治めたウゼダ家の当主ジャコモ・ウゼダ公爵のことである。地中海世界の長い複雑な歴史を簡単に説明することはできない。だが、簡潔に。18世紀からスペインのハプスブルグ・ブルボン家が、血統と海洋支配力で両《りょう》シチリア王国やモナコ王国を支配しており、その国王代理人（代官の職）として副王（ヴァイス・キング）という地位の準国王がいた。

この副王、ウゼダ公爵は長男のコンサルヴォを苛酷と言えるほど厳格に育てた。時には暴力も振るうし檻《おり》にも閉じ込めた。この容赦の無い教育は、父子の仲を激しく引き裂く。背景には相続をめぐる一族の争いがある。名家の父と子、そして一族同士は内側で憎しみ合う。この映画が描いている骨肉の争いは、現在の日本の大企業経営者や大資産家の一族にも如実に見られるものだ。イタリア貴族の争いとまったく同じ、近親間の激しい相克を演じている資産家たちは日本にもたくさんいる。

この映画が教えるのは、「冷酷な悪人になりきることこそが本物の経営者となることだ。そうやってこそ家産《かさん》と事業を立派に継いでゆける。この悲しい運命を生きる資産家・経営者一族の息子と娘たちの話」である。惨酷な現実主義者になりきれず、お人好しの善人のままでは、時代の変貌と荒波に負けて、家業をつぶしてしまう。

考えてみれば、ヨーロッパの貴族というのは一族で30の村とかの大きな領地を持つ大農場経営者である。一族と従者（従業員たち）に対して冷酷に君臨し、息子を殴って憎悪を駆り立ててこそ、一族が新しい時代に対応できる。見事な大人の映画だ。さすがイタリア映画界のネオ・レジスタ派（新しい監督群）の俊英の作品である。

父、ジャコモ公爵は、ガリバルディの革命軍（祖国統一軍）が、1859年にシチリアに上陸して来る段になると鮮《あざ》やかに態度を変えた。そして「王の世には王の友。貧民たちの世には貧民の友。それがウゼダ家の家訓だ」と公然と言い放つ。市民階級（シチズン。フランス語ならシトワイヨン。ドイツ語ならビュルガートウーム）と労働者、下層民が力を持つ時代が来たのだ。来たる時代に迎合してこそ生き延びることができる。ガリバルディ（Giuseppe Garibaldi 1807～1882）の赤いシャツ隊という有名な義勇兵民衆の革命軍とさえもウゼタ公爵はいち早く裏でつながっていた。そうやってこそ一族の財産と名誉を守ることができた。

この妹だってやがて本物の貴族の女に成長してゆく

貴族であることの気高さを、その悪意の底から学び取ること。

絶対的な権力をふるう公爵ジャコモは弟の財産を奪い、娘を政略結婚の駒に使う。

だから、あのヴィスコンテイの大作『山猫《イ・ガトパルド》』の描写の真の意味が、44年後の2007年に作られたこの『副王家の一族』でようやく解き開《あ》かされたのだ。あの『山猫』の最後のシーンで、なぜシチシア貴族たちは、カターニャの都市から離れたエトナ山の避暑地（隔絶地《リゾート》とは疫病の流行から自分たち金持ち階級を隔離する、というのが本当の意味なのだ）に退避したのか。そしてなんの心配もする気配がなく、まったく動揺せずにあの『山猫』のラストシーンで延々《えんえん》と舞踏会《ボール》の踊りを繰り広げ続けたのか。その意味が、ようやく日本人に解き明かされたのである。

貴族であることの気高さと誇り高さとは、何ものにも動じることのない勇気だ。だがその裏側に、用意周到に準備された自分たちの保身と安泰への配慮がぬかりなくなされている、ということだ。

息子コンサルヴォは公爵の父ジャコモを激しく嫌い、長い外国修業の遊学の旅を終えて帰国した。ローマに在住する伯父伯爵《カウント》の助言を受けた。そしてなんとやがて左翼政党から立候補してシチリアの民衆の支持を得てカターニャ市の市長に当選してしまう。そしてコンサルヴォもまた、父親と同じ悪賢い現実政治家（リアリスト）に成長してゆく。あれほど嫌った父の死後に、自分も父とまったく同じ立派なウゼダ家の跡継ぎになっていく。

さらに言おう。日本の資産家や経営者も、時代の波に合わせて身を翻さないと没落してしまう。「いつも自分は体制側であること」こそが本当の保守である。だが、それだけでは、駄目《だめ》だ。

『山猫』と『副王家の一族』はそれぞれ原作の小説がちがうことになっている。しかし描かれている裏の真実は同じである。そしてそこにイタリアだけではない、ヨーロッパ貴族の真実の姿がある。一切の甘い考えなど捨てよ、という

一族の当主ジャコモは財産を守り、権力を維持するために革命軍ともつながっていく。

次から次に政権が変わる現在、人間は変わり身が大切であり、時代に合わせて生きることのズル賢さを学ばなければならない。そのためにこの『副王家の一族』は最高の政治映画だ。

この映画『副王家の一族』が、なぜ、ヴィスコンティの『山猫』の秘密を解き開かしているのか。この2つの映画の原作の小説は異なるとされる。しかし酷似しているのだ。まったく同じ時代のシチリアの、まったく同じ副王家を描いている。

『山猫』では、副王＝公爵（アメリカの名優バート・ランカスターが演じた。サーカスあがり）と甥のタンクレディ Tancredi との関係として描かれていた。『山猫』では、公爵の甥のタンクレディ（何と若きアラン・ドロンが演じた）が、何故あれほどに激しく自分の伯父に反発して、平民たちの肩を持とうとしたのか。わからなかった。その謎がこの『副王家の一族《イ・ヴィチェーレ》』で私がびっくり仰天するほどの驚きとして解けた。

『副王家の一族』のほうでは、タンクレディは、公爵のそばに仕える小間使いのような少年として登場していた。この少年は公爵から可愛がられているのだが、ところが、スープを公爵の部屋に運ぼうとして、その中にペッと自分のつばを吐き入れる。憎しみが感じられる。

なぜなら、この少年の母は、ウゼダ家に忠実に仕える女官のような、立派なしっかり者の女中《メイド》であったからだ。公爵のお手付き（愛人）であった。だからこの女中頭《かしら》と公爵との間に生まれたのが少年タンクレディであったのだ。

だから『山猫』の中では、タン・クレディ（アラン・ドロン）はあれほどに平民ガリバルディの赤シャツ隊の義勇軍にあこがれ、実際にその中に身を投じ、そこの将校となって公爵家の邸宅に帰ってきたのだ。

貴族の血を受け継ぎながら妾腹《しょうふく》の平民の血も引いている。だから何の相続財産もない貴族であるのがタン・クレディである。ロッシーニ（Rossini　１７９２〜１８６８）作の歌劇《オペラ》『タンクレディ』Tancredi（１８１3年初演）の背景の真実もこういうところから流れ出てくる。貴族が女中に産ませた少年がやがて平民たちの時代の政治指導者になっていった。

この真実を知ることだ。そうすることが私たち日本人がようやくイタリア貴族を始めとするヨーロッパ貴族文化の生態の裏側の真実を知ることになるのだ。

私たち日本人が今さらながらにヨーロッパの文化、芸術、教養の奥のほうを知るためには、これぐらいの遅ればせながらの発見がなくてはならないのである。

19世紀末、激動の時代を冷徹に生き抜く貴族の叙事詩

19世紀、イタリア統一前後のシチリアを舞台に、名門貴族の内部で繰り広げられる愛憎を描く一大叙事詩だ。『マリー・アントワネット』（２００6年）などで3度のアカデミー賞に輝くミレーナ・カノネロによる衣装の豪華絢爛もすばらしい。主演のコンサルヴォ役はタヴィアーニ兄弟監督作『ひばり農園』（２００7年）のアレッサンドロ・プレッツィオージだ。

再度、あらすじを追う。19世紀半ば、イタリアへの統一直前のスペイン・ブルボン家支配下

のシチリア。かつてのスペイン王家代理の副王家の末裔で名門貴族のウゼダ家は、公爵のジャコモ（ランド・ブッツァンカ）が家長として権力を握ってきた。ジャコモの母テレザ（クリスティーナ・カポトンディ）が亡くなると、弟のライモンド（フランコ・ブランチャローリ）を、不倫をもみ消す代償として相続した遺産を放棄させローマに追いやった。平民の弁護士との結婚を望んだ妹のルクレツィア（ジゼルダ・ボロディ）には、貴族以外との結婚は認めないと言い放った。ところがその平民弁護士をやがて平民の時代には活用する。無邪気に元気よく育った嫡男のコンサルヴォ（アレッサンドロ・プレツィオージ）も父の怒りに触れ、修道院へ送られる。

7年後、イタリア統一を旗印に、ガリバルディ率いる義勇軍「赤シャツ隊」1000人がシチリアに上陸する。混乱の中、コンサルヴォは修道院から脱走する。無事に屋敷に辿り着いたが母は死んでいた。母の死を悼むこともなく父公爵のジャコモは再婚した。この父にコンサルヴォは憎悪を募らせた。ジャコモは、コンサルヴォの妹テレーザにも政略結婚を強制する。テレーザが愛した、コンサルヴォの親友のジョヴァンニーノは次男坊であるために伯爵になれない。だからテレーザが、自分の兄と無理やり結婚させられると知って、ジョヴァンニーノはピストルを口に突っ込んで撃って自殺する。

やがて時代の変化とともにブルボン王朝は崩壊した。貴族社会が終わりを告げつつある。「王の治世には、ウゼダ家は王の友、貧民の世には貧民の友」とジャコモは公言する。これがヨーロッパ貴族の真髄《しんずい》である。

次の当主の座についたコンサルヴォは、一族の血から逃れることのできない自分の運命を知る。激動の時代に一族のために何を為すべきかを知り、自分もまた、父親と同じ冷酷な人間になってゆく。

貴族は外出時には皮の手袋を常に外《はず》さない。コンサルヴォは、手袋をしたまま半ば犯すようにして愛した平民の金持ちの娘と、スキャンダルを起こしたあと、結婚した。私は皮の手袋をいつも絶対に外そうとしないコンサルヴォの仕草に強い衝撃を受けた。これがヨーロッパ貴族だ。

トルストイを奥さんが理解しなかった

『終着駅 トルストイ最後の旅』

原題：THE LAST STATION

製作国：ドイツ／ロシア（2009／112分）
監督：マイケル・ホフマン
出演：ヘレン・ミレン／クリストファー・プラマー／ジェームズ・マカヴォイ／ポール・ジアマッティ／アンヌ=マリー・ダフ

晩年を迎えたロシアの文豪トルストイは、突然、“遺産は全てロシア国民のために使う”という新たな遺言に署名し、伯爵の爵位も捨て、菜食主義の独り身になると宣言する。妻として献身的に50年もの間トルストイに寄り添ってきた夫人のソフィアはこれに驚愕し、自らの財産権を主張してトルストイ主義者と呼ばれる信奉者たちと激しく対立する。

うんざりしたトルストイは、82歳にして家出をしてしまう。文豪トルストイと世界三大悪妻として知られる妻ソフィアの生活の真実がようやく私たちに明らかになった。

『終着駅　トルストイ最後の旅　コレクターズ・エディション』DVD
価格：1410円＋税　発売・販売元：ソニーピクチャーズ エンタテインメント

没後１００年。いま明かされるトルストイの真実

理解し合えない夫妻という永遠の重たい課題を扱っている。私も身につまされた。頑迷な自尊心だけの貴族階級の女である妻にはトルストイの頭脳と思想がわからなかった。悲しい話である。

トルストイ（１８２８〜１９１０）は、最晩年に夫人と口論して家出し、アスターポヴォという小さな駅の駅舎で死んだ。この話はこの１９１０年の事件の当時から日本にも伝わっていた。トルストイは、その作品群ですでに世界的な有名人であり大文豪であった。小林秀雄らは、「トルストイほどの大賢人でも夫婦喧嘩をして人生を終わる」と嘲笑する程度のことしか書かなかった。しかし真実はそのような個人劇ではない。トルストイの晩年は決して私的なものではなかったのだ。

文豪トルストイは、偉大な社会改革者《リフォーマー》であり、当時、農奴《サーフ》として苦しむロシアの農民たちの待遇改善と、農地解放を目指して闘っていた。人類の未来社会の理想を説いて、旺盛に世界中に新思想を発信する政治活動家だった。トルストイを単なる人道主義《ヒューマニタリアン》の博愛主義《フィランソロピー》の文学の天才の像に封じ込め、非政治的な純文学研究しかできなかった人々は、今からでもいいからこの映画が描く真実から大きくしっぺ返しを受けるべきだ。

トルストイが82歳で死去した、わずか7年後にロシア革命（１９１７年から）が起きている。

農奴たちは解放された。しかしこのあとの革命の、すなわち苛酷なレーニンたちのボルシェビキ革命によって人類の理想は、無惨な動乱と収容所群島《ラーゲリ》に置き換わっていった。『戦争と平和』（1864〜1869年）や『アンナ・カレーニナ』（1873〜1876年）でロシアの、貴族社会の内部の腐敗と堕落を容赦なく描いたトルストイ伯爵であったが、彼は同時に貴族階級を愛した人だ。彼は、自分が所有する広大な土地を、率先して農奴たちに分け与えようとした。理想の共同農場にして皆で働いた。このトルストイの思想は日本に伝わって白樺派《しらかばは》の文学運動になった。しかしこのトルストイの活動は典型的な貴族階級の女性である妻のソフィアにはまったく理解されなかった。後世に〝世界三大悪妻〟の1人とされる妻のソフィヤとトルストイは激しく言い争う。激しい夫婦ゲンカほど、「犬も喰わない」の格言のとおり、無惨なものであり、私（たち）も自分のこととして多いに胸にこたえる。

2人は13人もの子供をもうけた親密な夫婦なのに。トルストイは土地だけではなく、自分の作品の著作権を家族に相続させず、公共財産にする遺言状に署名しようとしてさらに対立する。一方でトルストイは滅びゆくロシア貴族社会の優雅さにも深い共感を寄せていた。彼は、人類の理想社会の実現を、ただ単に夢想し希求するだけの軽薄な二流、三流の思想家ではなかった。20世紀に入って、当時、世界中の知識層の人々が、理想社会の実現を死ぬほど本気で望んでいたのだ。

だからトルストイが発信する非暴力の博愛思想と人間平等思想に強く共鳴して、世界各国か

偉大なトルストイの思想を ただの純文学研究の中に閉じ込めて 無菌化してきたことを 今こそ打ち破らなければならない

文豪トルストイと妻ソフィアの愛憎の物語が、秘書ワレンチンの視点から綴られる。トルストイ主義者となって世界各国から「ヤースナヤ・ポリャーナ」の地に集まった者たち。彼らの中でも過激な平等主義に走る者とそうでない者たちの分裂があった。

らトルストイ主義者たちがヤースナヤ・ポリャーナの地（モスクワから約２００キロメートル南）に集まってきた。

日本の徳富《とくとみ》蘆花《ろか》（健次郎）は、実際にトルストイに会いに行った。そして「ケンジロウ。お前の国で貧しい農民たちを救いなさい」とトルストイから言われた。それで、今も東京の世田谷に残る「蘆花《ろか》恒春園」となって、その解放農地が残っている。有島武郎《ありしまたけお》は『カインの末裔《まつえい》』を書いて北海道の極貧の小作農（さらに、小作よりも下に水呑《みずの》み百姓がいた）たちを描いた。そして有島は、北海道の自分の土地を小作農たちに解放したあと自殺した。１９２３年6月9日、軽井沢で朝日新聞記者だった波田野秋子と心中死した。

白樺派の武者小路実篤らの運動はこの世界的な気運の中で行われたのだ。人よりも早く優れた行動を取ることが大事だ。どうせその20年後には、日本の強欲な大地主たちの農地は、敗戦後の占領軍による農地解放ですべて取り上げられたのだから。

トルストイをヤースナヤ・ポリャーナの大農場の中で、新たな救世主として神格化し偶像化するトルストイ運動の幹部たちと、ソフィア夫人の対立もいやおうなしに激化する。その果てでのトルストイの家出であった。

家出といっても、実の娘や、秘書たちを引き連れての家出であり、なんと、世界中から集まる記者たちのカメラ（当時のダゲレオ・タイプの写真機）の砲列の中で、世界中に発信されながらすべてが行われている。この映画は真実のトルストイの実像を現在に復活させようとする並々ならぬ意欲に満ちており、ちょうど100年後の私たちを驚かせる。

トルストイが目指したロシアの革命

ロシアの文豪レフ・トルストイの晩年を、妻ソフィアとの確執にスポットを当てて描いている。監督は、『恋の闇　愛の光』（2009年）のマイケル・ホフマン。出演は、『クイーン』で第79回アカデミー賞主演女優賞を受賞したヘレン・ミレン、『Dr．パルナサスの鏡』のクリストファー・プラマー。プラマーは本作でアカデミー賞主演男優賞ノミネートされた。

妻のソフィア（ヘレン・ミレン）は、トルストイの秘書で、ソフィアが忌み嫌うウラジミール・チェルトコフ（ポール・ジアマッティ）が、夫に新しい遺言書への署名を説得したらしいことを知った。ソフィアは憤《いきどお》る。その遺書には、トルストイの作品に関する権利をロシア国民に与えると書かれていた。ソフィアは自分の財産権を守るために争う。チェルトコフはその行動がトルストイの輝かしい遺産にダメージを与えると警告し、その通りになっていく。

トルストイを崇拝する新しい助手ワレンチン・ブルガコフ（ジェームズ・マカヴォイ）が入ってくる。世間知らずの彼は、チェルトコフとソフィアに次々と利用されそうになる。ワレンチンは、トルストイの理想主義の信奉者の女性マーシャ（ケリー・コンドン）に惹きつけられるが、同時に彼女の過激すぎる平等思想の考え方に困惑する。この争いに嫌気がさした82歳のトルストイは、真夜中に家出を図る。駅舎で病に伏したトルストイのいるアスターポヴォ駅へ向け、ソフィアは取り巻きの制止を振り切って特別列車を雇って向かう。これが〝世界三大悪妻〟と言われた妻ソフィアである。

この映画が公開された2009年の翌年は、ロシアが生んだ大作家トルストイの没後100年である。記念イベントや出版など各地で注目された。ソフィアは〝世界三大悪妻〟と言われるが、ソクラテスの妻のクサンチッペ、モーツァルトの妻コンスタンツェと今も並び称される。日本の夏目漱石の妻、鏡子もそうだろう。こういう頑迷な頭をした自分の誇り高さだけの女性は、私の周りを見回しても案外たくさんいる。

よし。もっと本当のことを書こう。

政治活動家だったトルストイは、ただの博愛主義者の貴族さまではない。彼は、実際にメンシェビキ党の党員であり、SR《エスエル》党（社会革命党）というロシアの革命政党とも親しかった。

トルストイの仲間同志たちは苦労して、ようやくのことで、メンシェビキ党による政権をつくったのだ。それが1917年2月の「ロシア2月革命」によるケレンスキー政権の誕生だった。ケレンスキーたちは、決して何でもかんでも破壊する「労働者（プロレタリアート）独裁による一気の急激な革命」など目指さなかった。

メンシェビキとSR《エスエル》党は、ロシア社会の漸進《ぜんしん》的（ゆるやかな）革命を目指した。貴族階級の存在を許し、都市に生まれていたブルジョワジーの上流経営者や平民出のクラーク（大農場経営者）とも団結して、堅実にロシア社会を近代化しようとした。それがケレンスキー政権の2月革命だったのだ。

それをなんと。ウラジミール・レーニンとレオン・トロツキーという職業革命家が奇怪な封印列車（なにも調べられない列車）で、ドイツを横断して帰ってきた。今となっては、奇怪（たしかに裏側に大きな罠《わな》があったようだ）である。そして、その4月からレーニンたちの無惨なボルシェビキ革命（10月革命）が起きた、いや起こされてしまった。これでロシアの皇帝一族（ニコライ2世の家族）は銃殺され、貴族たちはヨーロッパや極東のハルビンに命からがら逃げていった。

そのあとは言わずと知れた大破壊と動乱と戦争の、そして惨忍なスターリンによる恐怖政治（１９３６年～１９５３年）の収容所群島（ラーゲリ国家）の出現である。

トルストイは、同志ケレンスキーたちの１９１７年2月革命の7年前に死んでいる。

私たちは偉大であったトルストイのために、そして奇妙な力に煽動され愚かでしかなかったその後の私たち人類のために、慟哭《どうこく》しなければならない。

これぞヨーロッパ人の美意識の極限だ。ただし山登りで死ぬ男たちの

『アイガー北壁』

原題：NORDWAND

製作国：ドイツ／オーストリア／スイス（2008／127分）
監督：フィリップ・シュテルツェル
出演：ベンノ・フユルマン／ヨハンナ・ヴォカレク／フロリアン・ルーカス／ウルリッヒ・トゥクール

ヨーロッパ最後の難所と呼ばれ、何人もの一流アルピニストの挑戦を阻んできたアイガー北壁。1936年のナチス政権下、政府はドイツ民族の優越性を世界に示すため、ドイツ人がアルプスの名峰アイガーの北壁を初登頂することを熱望していた。

国家の期待を背負い4人のドイツ人青年とオーストリア人青年が北壁登頂に挑んだ。彼らを過酷な運命が待ち受けていた。アルプス登攀史上の事件と呼ばれた実話を基に、若き登山家たちの壮絶な運命を描く山岳ドラマである。

国威発揚に巻き込まれる命知らずの登山家たち

アルプス山脈の高峰の一つ、アイガー山（3970メートル）の前人未到《アンプレシーデント》だった北壁に、1936年7月に挑んだ、ドイツとオーストリアの4人の登山家を、史実に基づいて淡々と描いた良い映画である。

背景には第二次大戦勃発の予兆があった。ナチス政権が誕生（1933年）した頃のドイツには、「山岳猟兵《さんがくりょうへい》」という山岳専門の職業軍人の部隊があった。国威発揚のため政府はドイツ人によるアイガー北壁初登頂を強く望み、山岳猟兵だった2人が登頂のために、除隊して隣国スイスのアイガーの北壁に挑む。もう一組はオーストリア人の2人である。ドイツ人とオーストリア人という、歴史的な対立を抱える民族感情の縺《もつ》れも描かれる。

気どりも過剰な演出もない。1000メートル以上続く断崖絶壁にへばりついて苦闘し、天候の不運のために、数日後には4人とも死ぬ。哀れだ。だが、登山家は今も世界中にいる。未知への憧れと功名心と冒険心、死をも恐れない勇敢さには無謀さも隣り合わせだが、それ以上に言葉にはならない不可解な動機がある。「人はなぜわざわざ極寒《ごくかん》の高い山に登るのか」という素朴な疑問がわく。普通の生活を平穏におくる者には理解できない世界である。

「名誉を求めてあの壁に挑んで、棺《かんおけ》で帰ってゆく」と現地の山岳ガイドたちがつぶやく。ヨーロッパの高峰は、古くからの鉱山でもあって、坑道が奥深い峰の上方まで掘られている。北壁を眼前に見上げる海抜2000メートルの中腹の、ベースキャンプと呼ばれる地にまで高級な山小屋ホテルが建てられている。高額の宿泊料を払った富豪たちが夏の一時期やってきて、ベランダから大型望遠鏡で命知らずの冒険者たちを観る。遠くの壁にへばりついた人間が、芥《け》子粒《しつぶ》のようにレンズに映り、切り立った壁を移動する様子が、はるか遠くに見える。

3100メートル地点で寝袋で夜を越し、ロープにぶら下がって振り子のように揺らして垂直の壁を移動してトラバース（横断）する。眼下に断崖がずっと続く光景はおそろしい。高所恐怖症の人にこの映画はお薦めできない。

監督と脚本はドイツの新鋭、フィリップ・シュテルツェル。出演者は『スピード・レーサー』（2008年）のベンノ・フュルマン、『グッバイ、レーニン』（2003年）のフロリアン・ルーカス、この本のP191で取り上げた『バーダー・マインホフ　理想の果てに』（2008年）のヨハンナ・ヴォカレクなど。

「民族の祭典」を前面に掲げたベルリン五輪大会を間近に控えた1936年、ナチス政権はアイガー北壁の初登頂の成功者にはオリンピック金メダルの授与すると、約束する。山岳猟兵のトニー・クルツ（ベンノ・フュルマン）とアンディ・ヒンターシュトイサー（フロリアン・ルーカス）は、これまでにヨーロッパの難攻不落の山々を踏破し、優秀な登山家として知られ始めていた。2人は世論の盛り上がりに戸惑いながらも〝殺人の壁〟と恐れられていたアイガー北

ヨーロッパ人の魂は今でも前人未到《アンプレシーデント》の地を踏むことへの欲求である。それは名誉心や征服欲を超えたものである。おそらく自死への誘《いざな》いだろう

幼なじみのトニーとアンディは山岳猟兵を除隊し、アイガー北壁に挑む。

ドイツの映画女優ヨハンナ・ヴォカレクが登山家トニー・クルツの幼なじみの新聞記者役を演じる。

壁に挑戦する。

7月14日。麓には、他にも初登頂を目指す各国からの登山家たちと、報道関係者、裕福な見物客が集まってきていた。その中にはトニーのかつての恋人で、今はベルリン新聞社の記者になっていた、ルイーゼ・フェルナー（ヨハンナ・ヴォカレク）もいた。登山家たちは貧乏だからベースキャンプのテントで寝泊まりする。わきの高台の豪華な山小舎ホテルから金持ちたちが登山家たちの様子を見つめる。無惨な光景だった。発登頂はきっと賭け事の対象にされていただろう。登山家たちは贔屓《ひいき》の金持ちたちからホテルでの食事に招待されたりする。

7月18日。絶好の日和《ひより》と判断したトニーとアンディは登攀を開始した。彼らのすぐ後をオーストリア隊のヴィリー・アンゲラー（ジーモン・シュヴァルツ）とエディ・ライナー（ゲオルク・フリードリヒ）が追った。だが、間隔をあまり開けずに登っていたために、ヴィリーが落石に遭い、大怪我を負ってしまう。その晩、4人は高度3100メートル地点で1回目のビバークをした。彼らの驚くべき前進に、山麓の宿泊客たちは明日にでも初登攀《とうはん》達成かと期待に胸を膨らませた。

7月19日。夕方には高度3350メートルに達した。しかしヴィリーは傷口が膨れて登ることが不可能なほどの容態になっていた。2回目のビバークを経て、4人は登攀中止を決定した。ヴィリーをザイルで下ろしながら、下山を始める。7月20日。天候が急激に悪化、3回目のビバーク。

7月21日。下山途中の彼らに、突然雪崩が押し寄せた。エディは岩壁に頭を強く打ちつけて気絶。アンディとヴィリーも宙に吊り下げられた状態で気を失ってしまう。朦朧とする意識の中でアンディは相棒のトニーを守るために自らザイルを切断した。

幼なじみのトニー・クルツが初登頂するらしいという噂が持ち上がっていたので、ルイーゼは新聞社の記者として、自ら説き伏せた上司とともに来ていた。この大新聞社の駆け出しの女性記者、ルイーゼとトニーの愛が織り込まれる。壁面にぶら下がったままのトニーを、坑道から救出に向かうルイーゼと登山ガイドたち。だが、トニーは力尽きて吊り下がったまま絶命し凍死する。

悲劇から2年後の38年、同じドイツ人の登山家たちがアイガー北壁への初登頂を成功させた。

この映画でハンガリー動乱(1956年)がすべてわかる

『君の涙　ドナウに流れ ハンガリー1956』

原題：SZABADSAG, SZERELEM（CHILDREN OF GLORY）

製作国：ハンガリー（2006／120分）
監督：クリスティィナ・ゴダ
出演：イヴァーン・フェニェー／カタ・ドボー／シャーンドル・チャーニ／カーロイ・ゲステシ／イルディコー・バンシャーギ

ハンガリーの首都ブダペストはソ連による弾圧が続き、自由を求める声が高まりつつあった。オリンピック出場を間近に控えた水球選手カルチは、民衆の抵抗による革命を信じて活動する女学生ビキと出会う。

1956年、ブダペストで起こった“ハンガリー動乱”、その数週間後に実際にあったオーストラリアのオリンピックでの水球での「メルボルンの流血戦」。この２つの史実を描いた。歴史と政治に翻弄されて、自由を求めて闘ったハンガリー国民の悲劇の物語である。

『君の涙 ドナウに流れ ハンガリー1956　デラックス版』DVD
価格：3800円＋税　発売元：スタイルジャム　販売元：NBCユニバーサル・エンターテイメント

ソ連に抵抗した民衆の姿を描いた名作

今から58年前の１９５６年10月。「ハンガリー動乱」の名で知られるソビエトの支配に抵抗する民衆運動があった。今はハンガリー政府によって正式に「ハンガリー大衆武装蜂起」（「１９５６年、オスフォラダロム」あるいは「ハンガリー革命《レヴォリューション》」）と呼ばれている。

この事件を正面から扱った素晴らしい映画である。革命50周年の２００６年10月23日に、ヨーロッパ各国で同時に公開され、多くのハンガリー国民が泣きながら観たという。

この映画を製作したアンドリュー・Ｇ・ヴァイナは、今やハリウッドで有名なプロデューサーである。彼自身が12歳のときに、この動乱のさなかに国外に脱出し、アメリカ合衆国に亡命した人である。自分自身のその後の半世紀の人生の苦難と努力を重ね合わせて、この映画を作り、祖国の記念日にプレゼントしたのである。だから、この映画の制作にはハンガリーの各界の愛国者たちの総意があったと言うべきだろう。

「ロシア人出て行け」と怒号して行進するハンガリー民衆の抵抗の姿と、民衆蜂起による市街戦。そしてハンガリー国家秘密警察（ＡＶＯ《アヴォ》）と、ロシア軍の戦車隊によって砲撃され射殺され血の海となった首都ブダペストの国会議事堂前のコシュート広場の様子が、当時そのままの建物の多くを使って撮影されている。私は、２０１０年にハンガリーを訪れ、今も実際のそのままであるコシュート広場と周囲の官庁の建物の様子を見た。銃弾の弾痕が大理石の壁にたくさん残っていた。そのほんの近くに、当時の改革派（反ソビエト。のちに処刑された）のナジ首相が、小さな橋の上でポツンと悲しく立っている等身大の像があった。ここがあのハンガリーだ。と私は思わずその場に跪《ひざまず》いてナジの像に手を合わせた。

国民に選挙で選ばれて首相になった愛国者ナジ・イムレは、ソビエト軍の郊外の基地への撤収を要求した。一旦は撤収したかに見えたソビエト軍だったが、15万人が再びブダペストに深夜進撃してきた。市民と労働者そしてブダペスト大学の学生たちが銃をかき集めて手に取る。民衆の叛乱からわずか2週間後には、こうしてソビエト軍による一斉鎮圧となった。ハンガリーの武装抵抗者たちは、ロシアの戦車隊の砲撃の前に無残に虐殺されていった。多くの者が逮捕され政治犯罪者として投獄された。１２００人がその後処刑されたという。

この映画は、この動乱のさなかに咲いた、オリンピックの水球ハンガリー代表選手のカルチ（イヴァン・フェニー）と活動家の女性ヴィキ（カタ・ドボー）との愛を描いている。この女子学生で活動家のヴィキも捕まり処刑されたようだ。水球選手カルチを演じたイヴァン・フェニーは映画『ジャーヘッド』（２００５年）に、ヴィキ役のカタ・ドボーは『氷の微笑2』（２００６年）に出ている。

１９５６年10月にはオリンピック・メルボルン大会が開かれており、ハンガリーは水球でソ連に勝って優勝した。この歴史事実がある。自由な西側諸国の人々は熱烈にハンガリーを応援した。映画の中で、「デモと抗議ぐらいで、政治体制が変わると思うのか。ハンガリーが簡単

ハンガリー動乱の忠実な再現だ

1956年11月、ソビエト軍部隊によるブタペストへの侵攻には戦車2500両、15万人の歩兵部隊が投入された。

首都の国会議事堂前のコシュート広場の惨劇。1960年代に発表されたCIAの推定によると、このあとおよそ1200人のハンガリー市民が政治犯として処刑された。動乱でのハンガリー側の死者は1万7000人に上り、20万人が難民となって亡命した。

に自由な国になれると思うのか」と、主人公や同僚のスポーツマンたちに、何度も何度も語らせている。

この動乱の後も、ハンガリーには、他の旧東欧諸国と同様、1989年まで旧ソビエト社会主義連邦の衛星国《えいせいこく》（サテライト・ステイト）すなわち属国《ぞっこく》、従属国《じゅうぞくこく》としての苛酷な日々が続いた。ここで私ははっきり書く。今の日本がアメリカ合衆国の属国（トリビュータリー・ステイト）として今も敗戦後の70年を生きているのと同じことだ。『属国・日本論』（五月書房、1997年刊）は私の主著である。

苦難の中を生きたハンガリー国民に敬意を表しながら襟を正して観るべき一作である。ハンガリー事件とは何だったのかが、この映画でようやく私たち日本人にも伝わる。

同年の1956年、モスクワで行われたソ連対ハンガリーの水球の試合。ソ連びいきの判定に怒ったハンガリーのエース選手・カルチ（イヴァーン・フェニェー）は、審判にボールを投げつけたことで、秘密警察から「ソ連の同志に刃向かうな。家族が大事だろう」と脅される。帰国後、カルチは共産主義下の圧政に反発した民衆運動に参加する聡明な女性ヴィキ（カタ・ドボー）と知り合い愛し合う。

オリンピックへの夢を捨てきれないので民衆運動（独立運動）への参加を断ったカルチだったが、街中で繰り広げられる軍隊による殺戮《さつりく》を眼にして、その気持ちに変化が生じる。再びヴ

今でも旧東欧（東ヨーロッパ）の人々がソビエトを嫌い、ロシア人を警戒する気持ちがわからないではない

1956年12月6日、試合は緊迫した空気の中で行われた。開始直後から乱闘となった。ハンガリー代表チームは4対0で圧勝した。

ィキのもとへ駆けつけ共に戦いに身を投じた。秘密警察に追い詰められたヴィキの腕を銃弾が貫いたとき、思わず引き金を引いてしまった。カルチは初めて人を撃ち殺した。

一時期事態が沈静化して、カルチはヴィキの願いを受けてオリンピックへと旅立つ。しかしその途上で首都ブダペストへ向かうソ連軍戦車部隊を目撃する。メルボルンに到着してからも、選手たちはソ連軍に蹂躙《じゅうりん》されるブダペストのニューズを耳にして落ち着かない。しかし、「祖国の皆に金メダルを贈るんだ」という監督の言葉にチームは奮起し勝ち進む。そして準決勝、対戦相手は因縁のソ連だった。試合は観客の大歓声をバックにしたハンガリーチームが圧倒した。カルチは追い詰められたソ連選手の一人に殴られ、プールの中での乱闘になり流血した。混乱した試合はそこで中断し、ハンガリーの勝利となる。

ブダペストでは秘密警察に捕らえられたヴィキが尋問を受ける。仲間たちのことを密告すれば見逃してやると脅されるが、決して口を割ろうとしない。処刑場へと送られるヴィキ。その後ろでは、牢獄に捕らえられた女性たちが歌うハンガリー国歌が響いていた。メルボルンでは、金メダルを胸にしたハンガリーチームが表彰台の上で国歌を斉唱していた。喜びに沸くチームの中で、カルチはただ1人顔を上げることができず、涙を流した。

コロンブスはポルトガル人だ。ポルトガル人のド根性がわかる

『コロンブス　永遠の海』

原題：CRISTOVAO COLOMBO O ENIGMA

製作国：ポルトガル／フランス（2007／75分）
監督：マノエル・ド・オリヴェイラ
出演：リカルド・トレパ／レオノール・バルダック／マノエル・ド・オリヴェイラ／マリア・イザベル・ド・オリヴェイラ

ポルトガルの巨匠マノエル・ド・オリヴェイラ監督の最後というべき作品。歴史研究家マヌエル・ルシアーノが、2006年に「コロンブスはポルトガル人だ」という新説の論文を発表した。これに触発されて撮り上げた作品。

主人公の研究者が妻とともに、コロンブス出生の謎を追う、半世紀にわたる旅路を通して、“海洋帝国”だったポルトガルの栄光の時代への強い郷愁をにじませる。ポルトガル人とはどういう人々かを明らかにし私たち外国人に伝える。

『コロンブス　永遠の海』DVD　発売元：エプコット

巨匠の2作品でポルトガル人が初めてわかる

ポルトガルとは一体どういう国か。１５４３年の「鉄砲伝来」（本当の、世界史では、「日本発見」の年とされる）をはじめ、戦国時代（世界基準《ワールドヴァリューズ》では「大航海時代《ザ・グレイト・ナヴィゲイション》」の一部）の日本に、多くの影響を与えた国だ。それなのに、私たちはいまだにポルトガルを知らない。わからない。スペインと分けて理解することができない。その国民性の区別がつかない。遠くて遠い国だ。

ポルトガル人を描かせたらこの人の他にいないとされるオリヴェイラ監督の作品が本邦初公開された。今度こそ、この国を理解する手がかりを臨みたい、と私は挑んだが、無理だった。ポルトガル人が持つ優雅さと奥ゆかしさは、ちょっとやそっとでは私たちを寄せつけない。

コロンブス（１４５１頃～１５０６）は、本当はポルトガル人である、という提起された仮説（新説）を証明しようとして、半世紀をかけて世界各地に旅に出る学者夫婦の紀行だ。夫婦は、本当のコロンブスの洗礼名が「サルヴァドール・フェルナンデス・ザルコ」であること。ポルトガル王フェルナンド一世と、大船主ジョアン・ゴンサルヴェス・ザルコの娘イザベルとの子であること、を突き止めようとする。現在１０２歳のオリヴェイラ監督が、妻とともに老齢の学者夫婦を自ら演じる。

コロンブスはジェノヴァ出身のユダヤ系イタリア人である、とするのが世の定説だ。しかし、イタリア語を話した形跡がない。自分でジェノヴァ人だと明言したのは一度きりで、彼のスペ

実際のポルトガル映画界の長老監督オリヴィエラ夫妻が出演

茫洋として海を見つめる学者の老夫婦。

ポルトガル人航海者クリストバル・コロンこそは本当のコロンブスだ、とやがて世界史自身が訂正をするだろう。そうでないと理屈が合わない。

イン語にはカタルーニャ訛りがあったとされる。たしかに、コロンブスの名の公正証明書、遺言書、銀行記録がジェノヴァで見つかっている。しかし、文献に残るイタリア人のクリストファー・コロンブスとは別の、クリストバル・コロン（Christovbal Colon）がいたとしたら。

事実、コロンブスは新大陸発見の船出をする直前まで、祖父ザルコが発見した、大西洋上にあるポルト・サント島で家族と暮らしていた。このポルト・サント島の実力者であったバルトロメウ・ペレストレリョの娘と結婚した男が、真実のクリストバル・コロンなのである。この島の人々は、西方に横たわるアメリカ大陸の存在に薄々気づいていたのだ。だからコロン（コロンブス）は新大陸発見の航海に出た。だが、この映画には贔屓目によるコロンブス・ポルトガル人説の押しつけがましさが一切ない。ここにポルトガル人という国民の優雅さがにじみ出ている。

同監督の姉妹編の別の作品『ノン、あるいは支配の空しい栄光』（１９９０年）も、岩波ホールで上映された（２０１０年4月17～30日）。16世紀に大型外洋船で、世界中に進出したこの国の勇ましさ。その栄光と悲惨を描く。航海士学校をつくって船乗りたちを育成し、自分でもインド航路を開こうと船出したエンリケ航海王子（Henrique《エンリケ》 o《オ》 Navegador《ナヴィガドール》, Henry《ヘンリー》 the《ザ》 Navigator《ナヴィゲイター》 １３９４～１４６０）。このエンリケ航海王子の生涯を描いた映画を私は死ぬまでに観たい。

アフリカ西海岸を自ら探検して、カスティリャ国（スペイン）を併合しようとしたアルフォンソ5世。アラゴン国（スペイン）のフェルナンド5世と結婚して、両君《りょうくん》統治でスペイン国家統一を助け、コロンブスの新大陸の発見を財政援助したイサベル女王。彼らポルトガル王たちの史実を、アフリカの旧植民地の独立運動のゲリラと戦う今のポルトガル兵士たちに重ね合わせて彼らに語らせる。ポルトガル兵たちは待ち伏せ攻撃に遭って負傷する。この映画は海洋国家・ポルトガルがたどった16世紀の世界制覇の後の「支配の空しい栄光」を淡々と映す。

大航海時代の偉人コロンブスの出生の謎を探る。ポルトガル人の海の彼方への憧れと、ロマンティシズムを描いた。マノエル・ド・オリヴェイラ監督の作品は他に『アブラハム渓谷』（1993年）で有名である。監督本人と妻のマリア・イザベルが老夫婦役を演じる。若き日のマノエルを監督の孫であり『夜顔』（2002年）のリカルド・トレパが演じている。

再度あらすじを追う。1946年、ポルトガルの首都リスボン。のちに歴史研究者になるマヌエル・ルシアーノ（リカルド・トレパ）は、ニューヨーク行きの船に乗ろうとしていた。戦争で離散した家族を呼び集めたいという父の希望で、アメリカへ渡ることを決めた。彼はポルトガル王ジョアン1世の彫像を見上げ、かつての大航海時代に新たな航路を発見すべく冒険に旅立った偉人たちのことを想った。

マヌエルはポルトガルのコインブラ大学で取得した医師免許を生かして病院に勤務する。だが、コロンブスのことが気になって仕方がない。イタリア人ともスペイン人ともいわれ、その出生は謎とされている。クリストファー・コロンブスが、実はポルトガル人だったという自身の仮説を証明しようと、ずっと研究し続けた。

やがてマヌエルはポルトガルに戻り、教師のシルヴィア（レオノール・バルダック）と海沿いのポルト（ポートワイン発祥の地）で結婚した。新婚旅行を兼ねて、2人は、真実のコロンブスの生地と考えたアレンテージョ州のクーバという都市に向かった。古い教会を訪ね歩き、聞き込みをするが手がかりは見つからなかった。

それから50年がたった2007年。すでに年老いたマヌエル（マノエル・ド・オリヴェイラ）とシルヴィア（マリア・イザベル・ド・オリヴェイラ）はニューヨークにいた。マヌエルはニューヨーク湾のスタッテン島の自由の女神を船から眺めながら、「たいまつの火（トーチ）は世界の人を歓迎する」というポルトガル移民の詩を思い浮かべる。2人は、自分たちの人生と、過去のポルトガル人たちの郷愁を重ねながら、長年連れ添った互いの愛情を確認しあう。そして長年の念願だったポルトガル領である大西洋上のマデイラ諸島にあるポルト・サント島へと向かう。そこは、真実のコロンブスが航海へ出発するその日まで妻や子供と過ごした島であった。

軽快にイタリア人魂を描いている

『シチリア！　シチリア！』

原題：BAARIA

製製作国：イタリア／フランス（2009／151分）
監督：ジュゼッペ・トルナトーレ
出演：フランチェスコ・シャンナ／マルガレット・マデ／リナ・サストリ／アンヘラ・モリーナ／サルヴォ・フィカッラ

『ニュー・シネマ・パラダイス』、『海の上のピアニスト』のジュゼッペ・トルナトーレ監督が自身の生まれ育ったシチリアの小さな村を舞台にした自伝的作品である。

自分の父親をモデルにした主人公ペッピーノとその父、そして息子の自分という3世代の人生を通し、1930年代から1980年代の激動があったシチリアの現代史を描き出している。

『シチリア！　シチリア！』DVD　価格：1219円+税　発売元・販売元　株式会社KADOKAWA　角川書店

明るい陽射しのシチリア　監督の感性が光る

たいした映画ではない。軽快なだけだ。この映画の原題である「バーリア」Baariaという町は、シチリア島のパレルモの近くにある。トルナトーレ監督の生まれ故郷である。おのずと自伝的な作品である。彼はヨーロッパで評判になった『ニュー・シネマ・パラダイス』（1989年）や『海の上のピアニスト』（1999年）をつくった。

1930年代生まれの貧しい羊飼いの少年が、逞《たくま》しく生きた。やがてこの町の共産党の幹部にまでなる。国会議員にはなれなかったが、誠実に、戦中と戦後を生きた男の話である。トルナトーレ監督の父親だ。この父はなんと、選ばれてソビエト・ロシアの首都モスクワの国際共産主義運動（コミンテルン。Comintern）の幹部養成学校に留学するほどに出世する。このとき、イタリア共産党の幹部のインテリから、「モスクワは寒いそうだ」と上手に外套《オーヴァーコート》を借りる、というか失敬する。

ムッソリーニが登場する。彼は1919年に「戦闘者ファッシ」をつくり、1922年にファシスト党に成長させ「ローマ進軍」という全国的な示威運動《デモンストレーション》を始めた。これでイタリア国王ヴィットーリオ・エマヌエーレ3世と、ローマ法王までも屈服させた。

ヨーロッパ全体に強い影響を与えた独裁者ムッソリーニは軽々しく否定することのできない重要な人物である。ベニート・ムッソリーニについては別の私の映画評論集『アメリカ帝国の滅亡を予言する』（日本文芸社刊、２０１３年）で論じた。イタリア国民が総立ちになって彼のことを「イル・ドゥーチェ（我らが総統）！」と呼んで崇敬していたのである。そういう時代もあったのである。

現代イタリアを私たちが理解するには、ムッソリーニの思想を知ることが鍵のようだ。トルナトーレ監督は、マフィアとつながるイタリアの保守政治家たちと闘い続けたのに、遂に政権を取れなかったイタリア共産党の体たらくを、嘆き悲しみながら淡々と描いている。

バーリアの町は太陽が眩しく輝き、風が荒々しく吹き抜けていく町だそうだ。牛飼いのトッレヌオヴァ家は貧しかったが、家族が力を合わせて、毎日力強く生きていた。まだ幼い次男ペッピーノも、大人たちに連れられて農場や牧場で働く。子供とはいえ、大目に見てもらえることもなく、収穫数が足りなければ容赦なくその日の賃金はカットされる。

チーズ3つと引き換えに出稼ぎに行った先の牧場では、1冊しかない教科書をヤギに食べられてしまう。落ち込むペッピーノだったが、その地方に伝わる伝説を聞き、胸を躍らせる。それは、3つの岩山の頂《いただき》に、1つの石を連続して当てることができたら、黄金を隠した洞窟の扉が開くというものだった。ペッピーノは合間を見ては、繰り返し石を投げる。時々父親が連れていってくれる映画館で無声映画を観ることが、彼にとってかけがえのない時間だった。こうしてペッピーノの少年時代は、笑いと涙が詰まったたくさんの思い出に囲まれて過ぎてゆく。

やがて世界中を巻き込んだ第二次大戦が終わり、シチリアにも平和が訪れた。逞《たくま》しい青年に成長したペッピーノ（フランチェスコ・シャンナ）は、世の中を良くしたいという理想に燃えて、政治の世界に足を踏み入れる。同じ頃、彼は長い黒髪と大きな瞳が美しいマンニーナ（マルガレット・マデ）と出会い恋に落ちる。だが、貧しいペッピーノとの結婚に反対するマンニーナの両親は、金持ちとの婚約を勝手に決めてしまう。愛し合う2人は想いを貫くために駆け落ちする。ついに教会で永遠の愛を誓い合う。だが、幸せに満ちた2人を待っていたのは、世の中の矛盾と家族の死だった。やがて時代は不穏な空気を孕《はら》み始める。ペッピーノはあの岩山の伝説を試そうとして、再び山に登り石を投げてみる。

戦後に、シチリア島のあちこちの町で土地改革（農地解放）を求める激しい農民運動が起きた。この運動の指導者たちが、大地主たちや保守階級と裏でつながっているマフィアに次々に殺されたのだ。主人公のペッピーノが、ローマから来たイタリア共産党の新聞記者に説明する。記者から「どうしてあなたは殺されないのだ」と逆に問われて、思わず言葉に詰まるシーンが面白い。

「それは、私が生粋のシチリア人であり、シチリアの魂を理解しているからだ。だから私は殺されないですんでいる」と、主人公は拍子抜けした真顔で答える。中学生になった自分の娘がスカートの丈を短くしようとする。父は、「ひざ上指4本までだ。それ以上は（父親として）許さない」と命令する。それに対して娘が「ファシスト！」と罵る。これはファシスト（ムッソリーニ主義者たち）と戦ってきた自分への最大の侮辱だ。思わず手を上げて娘を叩こうとする。それを母親が上手に止める。

ここで私たちは笑う。監督の垢抜けした現代ヨーロッパ人の感覚が共感を呼ぶ。「理論《セオリ》がいくらあっても、現実《レアリテ》はどうにもならないね」と、両手を肩の横で広げる例の仕草が、今のヨーロッパの知識層全体に共有されている。イタリアは北部と南部で分かれる。歴史的にドイツ人の血が混ざり、勤勉で生産性も高い北のミラノを中心にして「レガ・ノルド（Leaga Norde 北部同盟。北部独立党）」がある。それに対して、貧しい南部のシチリア人たちはいつもの「仕方がないね」という表情をする。南欧の底抜けの明るさ、というやつだ。

貧しくとも、地中海の強い陽射しの中で生き、古いラテン人の血を受け継ぐシチリア人の誇りをこの映画は描いている。

モナコという国が日本人に初めてわかる映画

『グレース・オブ・モナコ』

原題：GRACE OF MONACO

製作国：フランス（2013／103分）
監督：オリヴィエ・ダアン
出演：ニコール・キッドマン／ティム・ロス／フランク・ランジェラ・パス・ヴェガ／パーカー・ポージー／マイロ・ヴィンティミリア／デレク・シャコビ

ハリウッド女優からモナコ公妃となったグレース・ケリーの華やかなシンデレラ・ストーリーの裏に隠された激動の半生に迫る伝記ドラマ。夫のモナコ大公レーニエ3世と、当時のフランス大統領シャルル・ドゴールとの間に起きた国家の危機。それに立ち向かっていく姿を描く。

監督『エディット・ピアフ～愛の讃歌～』のオリヴィエ・ダアン、主演は人気女優、ニコール・キッドマン。

華やかなブランド衣装（ファッション）に女性は魅きつけれられるだろうが、これは政治映画でもある

女性なら誰でも知ってるグレース・ケリーというアメリカの女優がモナコ公国のレーニエ3世の公妃（プリンセス）になった話だ。それをあのニコール・キッドマンが演じたから大人気になった。

私はこの2014年9月16日に、神宮外苑にあるギャガという映画配給会社の大手に成り上がった会社の試写会場で見た。一般公開（11月）の2カ月前である。

グレース・ケリーと言えば、「ケリーバッグ」と日本の女性なら誰でも連想する。私の奥さんもいつの間にか買って持っている。ケリーバッグは、フランスのエルメスという、元々は17世紀からの馬具メーカーだが、ここの女性向けの皮バッグがブランド品の頂点をきわめた。平気で200万、300万円する。グレース・ケリーが、パパラッチを避けて、妊娠中の腹部をとっさに持っていたエルメス社のこの四角いバッグで隠したことから、ケリーバッグという名前になったそうだ。ホントかいな。

グレース・ケリー（Grace Kelly　1929～1982）というハリウッド女優の話はよく知られている。だが全体像がこれまで私たちにはわからなかった。この映画がつくられたことで、モナコという国のこととグレース・ケリーという女優の果たした役割が日本人にようやくわか

った。

私は〝東洋のモナコ〟と（勝手に）呼ばれている熱海市の海を見おろす家で、今も原稿を書いている。が、日本全体がこんなに貧乏くさくなって「東洋のモナコ」が恥ずかしい。「熱海銀座」というのもある。この映画は華やかなヨーロッパの貴族たちの集まりを描き、ファッションの美しさで売っているから、女性向けの映画ということになる。確かにこの映画のために復元された、カルティエのダイヤモンドのティアラや、高価なハイジュエリー、ランバンとシャネルのドレスなど、息を呑む美しさだ。

しかし私、副島隆彦はきっと政治映画だ、とピンときて観に行った。やっぱりそうだった。必ず重要な政治場面が出てくると踏んだ。私はこの映画を観て大きな収穫を幾つか得た。

一体モナコという国はどういう国か。

そこはコート・ダジュールと呼ばれるフランスの地中海に面した南の超高級なリゾート地である。日本人にも名前は知られていて、カンヌ、ニース、モナコ（その一部がモンテカルロ）と続く。大きくはこの3つの都市だ。ここから東のほうに国境線を渡ると、イタリアのリヴィエラという、これも大変有名なリゾート都市に続く。

私ももうすぐ行こうと思っている。ここは超高級リゾート地だから、恐らく1泊8万円（700ドル／500ユーロ）ぐらいする宿屋というか、海に面した高級なホテルが建ち並んで

この映画でモナコ人気が起きるだろう

グレース・ケリーが実際に着た衣装をふんだんに復活させてニコール・キッドマンが次々に着ている。女性にはたまらない映画だろう。

レーニエ大公とこの5、6人がモナコの閣僚。まるで暴力団の組の事務所のような感じだ。これが本当のヨーロッパ貴族たちの実像だろう。

いる。最低でもそれぐらいで、高い部屋は1泊2000ドル（24万円）ぐらいするだろう。しかし海に面してない山のほうへ行けば、1泊100ドル（1万2000円）ぐらいの民宿もたくさんあると思う。

私がこの映画を観て正確な知識として知ってびっくりしたことは、モナコ公国の面積だ。たったの2平方キロメートルしかない。2平方キロメートルとは縦《たて》1キロ、横幅2キロだ。とんでもなく小さい。皇居の2倍の大きさとパンフレットに書いてあった。それぐらい小さな国だ。

私の知っていた知識は、モナコのパレス（王宮）は南のほうの断崖というか、岩の上につくられていることだ。その王宮から、碓《うす》氷《い》峠《とうげ》や日光戦場ヶ原のように、ジグザグで自動車の道路が下まで下っている。ここであの「モンテカルロ・ラリー」という自動車レースをやる。この王宮あたりに住めるのは、ヨーロッパの本当の支配層の人たちだろう。南の崖の上の王宮から下ってゆくと、そこがモンテカルロだ。

このモンテカルロにもお屋敷が並んでいる。タックス・ヘイブン（租《そ》税《ぜい》回《かい》避《ひ》地）のオフィスビルも立ち並ぶ。ただしこの問題ではモナコはこれまでニューズになって騒がれたことがない。なぜか？　それは、今のイスラエル国が300発の核弾頭《ニュークレアウォーヘット》を隠し持っている核保有国（ザ・ユーエヌ。「連合諸国」は正式には今も認めない）なのにニューズで騒がれたことがないのと同じだ。それぐらいの強い世界基準でのタブーだ。海沿いはホテルを中心にした建物群だ。

ここより5キロぐらい手前（西）がニースだ。ニースよりもさらに10キロ手前（南へ）がカ

本当のグレース・ケリーがどれぐらい美しかったのか、今もよくはわからない。あの時代がつくった"クール・ビューティー"である

レーニエ3世とモナコの危機を救うため、グレースは外交儀礼の特訓を受け、公妃としての振る舞いを学んでいく。

ンヌである。このカンヌで毎年、映画祭を行っている。

コート・ダジュール（Côte d'Azur　紺碧《こんぺき》海岸）と呼ばれるこの超高級リゾート地域に、ヨーロッパの大金持ちたちが夏になると避暑にくる。アメリカ合衆国のお金持ちたちもやってくる。日本の金持ちたちも当然、行っているだろう。

私の頭の中でヨーロッパ史というものを考える上で、一体、なぜ、このモナコ、ニース、カンヌに巨大な繁栄があり大金持ちたちのお屋敷が建ち並んだのか、の問題が長年、わからず重要だった。5年ぐらい前にようやくわかった。はっきり書くと、1914年に第一次世界大戦が勃発するその日まで、この日までの200年間にわたって、ヨーロッパで貴族文化が華栄《はな》えたのだ。200年間ということは、1700年代の初めからの200年間だ。この間にヨーロッパに大きな動乱と戦争はない。

こう言うと不思議な気がするだろう。ヨーロッパに200年間大きな戦乱がなかったのだ。ヨーロッパは18、19世紀（1701～1900年）の200年間に大繁栄をした。オーストリア継承戦争（1740～1748年）、スペイン継承戦争（1701～1714年）のような、国王たち同士の相続争いの領土争いとしての戦争はたくさん起きた。しかし、それらは専門の軍人たち（もっと本当はプロの傭兵《マーシナリー》たち）だけの戦いだった。都市の外の大平原で戦争はもっぱら行われた。都市は打ち破られなくて平和が続いた。

都市で民衆の暴動が起きて労働運動と社会主義者が出現したのは、1848年だ。これはヨーロッパ全体を覆った大きな革命運動であった。「ウィーンの2月革命」、「パリの3月革命」がこの年だ。この1848年革命を含めても、これらの民衆暴動は、本当は全部、短期間に鎮圧されてしまい、その後第一次大戦まで70年間ぐらい大繁栄のヨーロッパが続いた。

それでも1700年代から後は、貴族たちがあまり威張れなくなり、ブルジョアジーが出現した。ブルジョアジーとは大金持ち層に成り上がった都市の企業経営者・商人層たちだ。イギリスならジェントルマン（郷紳《ごうしん》）階級だ。イギリスでは、無能のゆえに没落してゆく貴族から土地を借り《リース》て、何百人も農民を雇って農場経営をしたのが新興農場経営者《リース・ホルダー》たちだ。このブルジョアジーも貴族と結婚したりして血縁で混ざることでヨーロッパ全体がつくられている。だから、1914年の第一次世界大戦の勃発までは、巨大な繁栄がヨーロッパにはあった。

そこには当然、ヨーロッパの列強《パウアズ》（ヨーロピアン・パウアズ）による日本を含めた東アジア、南米諸国、アフリカなどでの植民地の争奪戦があった。世界は帝国主義《インペリアリズム》によって植民地支配された。本当のことを言うと日本はオランダの植民地だった。

ヨーロッパ内部での、国家間（すなわちイギリスとフランスとドイツとスペインとオーストリア＝ハンガリー帝国との）の他に、ロシア帝国の6つの帝国の間の戦争《ウォーフェア》と協調（同盟関係《アライアンス》）があった。それでもヨーロッパ内部は大繁栄していた。だからこのカンヌ、ニース、モナコに未曾有のずっと大邸宅群が建ったのだ。日本でも高度成長経済（60年代）と90年代バブルの時に、全国に別荘地帯が建った。

当然、建築業がものすごく栄えた。つまりバブルだ。経済的繁栄は必ず巨大な建築物群、建物群をつくる。そしてそれぞれの都市にオペラハウスができる。このオペラハウスに貴族や金持ちたちが毎夜のように集まってオペラを観て、あとは舞踏会《ボール》を開く。

だから私のヨーロッパ研究の発見で、非常に重要だったのは、第一次世界大戦が勃発するまでは、巨大な繁栄《バブル》がヨーロッパ全体にあった。その時の各国の一番の金持ちたちが、競ってこの南仏《なんふつ》の海岸線（コート・ダジュール）に巨大な立派な別荘（ヴィラ）をつくった。これがこの映画の背景だ。

モナコを巡るフランスとアメリカの暗闘

海岸線の、幅が2キロぐらいしかないモナコに現在は3万６０００人が住んでいる。映画『グレース・オブ・モナコ』は、１９６２年の事件を描いている。このときの人口は1万人ぐらいだった。

１９６２年の事件とは何か。

その6年前の１９５６年にグレース・ケリーがカンヌ映画祭で出会ってレーニエ3世という公爵（国王）と結婚して、公妃として迎えられた。子供がすぐにできた。男の子1人と女の子2人だ。その男の子が、アルベール2世という今のモナコ公だ。つまり父がレーニエ3世で母がグレース・ケリーである。グレースが子供を3人産んで32、33歳のころに事件が起きた。

何ごとかというと、フランスの植民地になっていた北アフリカのアルジェリアで、「アルジェの戦い」という、アルジェリア人たちの独立運動が、1954年から1962年にかけて起きた。大変な民衆暴動になってフランス軍の駐留軍と戦った。のちに『アルジェの戦い』（1966年）という重要な政治映画になっている。

アラン・ドロンは、このとき、フランス空挺部隊《パラトルーパーズ》でアルジェリア戦争に兵士として参加している。結局、アルジェリアは独立して、1962年にフランス軍は撤退した。動乱のさなかにあって、フランスは戦争のためにお金がかかってしようがない。

パリにあったたくさんのフランスの大企業は、多くが本社をモナコに移してしまっていた。モナコに本社の名義だけ移してしまって、フランス政府に税金を納めない。この事態が起きていた。それでそのときの大統領のドゴールが怒って、モナコ公であるレーニエ3世に電話をかけて怒鳴った。その前に、全権大使《スペシャル・エンボイ》の政府特使を派遣して「大企業に税金をかけろ。そしてそれをフランス政府に納めろ」という交渉をしていた。その様子が本編で出てくる。

モナコは独立国で、閣議《キャビネット》（内閣）はあるが、レーニエ公を入れて5～6人ぐらいの組織だ。総勢で1万人しかいない国だから、議会などなく選挙制度もない。5～6人の政府顧問が何でも決めた。そこへフランスのパリからやってきた特使とレーニエ公は、怒鳴り合いの交渉をした。

さらには他のヨーロッパ諸国から本社の名義だけ移している企業群（おそらく1万社以上だ）

にも税金をかけ、それをフランスに払えという要求をフランスはモナコにした。このことにレーニエ3世は怒って、ヨーロッパ中の政府に「助けてくれ」という手紙を出した。モナコ救援会議をモナコで開くので来てくれといって、1962年9月22日に会議が開かれた。その会議の脇で、イタリアの大使（代表）が、「イタリアはフランスとケンカするわけにはいかないんだ」と本音を吐いていた。「モナコみたいな小さな国だか何だかわからない地区を守る必要はない」とも言った。

この直後に、何とドゴール暗殺計画が発覚した。そして未然に防がれた。この騒ぎが「モナコを助けてくれ会議」の場に持ち込まれて、レーニエ3世のモナコは苦境に陥った。周囲の雰囲気が、「モナコなんか助ける必要はない」となった。

以下のシーンは映画仕立てなのだろうが、ドゴールの特使が、「レンガ職人の娘のアメリカ女優なんかと結婚しやがって」みたいなことをレーニエに面と向かって言った。レーニエ3世がバシーンと、その特使を殴り倒すシーンがあった。その横で、3、4歳の娘たちが犬と遊んでいるシーンだった。レーニエはモナコ存亡の危機に立たされて心痛した。

その後《あと》、国境線みたいな道路沿いの検問所ができてしまった。フランスの警察官たちが10人ぐらい、バス1台で来て検問所をつくってしまった。フランスとモナコの出入り口を、嫌がらせで監視した。モナコへの往来を止めてしまった。そういう危ない状況になった。このとき、モナコ側で、“We don't have army.” というコトバが出た。「モナコには軍隊がいないんだ」

と。自国を守る軍隊がいない。

だから、もしフランス軍が侵攻してきて占領したらモナコはもう負けだ。そういう危ない状況が続いた。そこでグレース・ケリーが頑張る。彼女は結婚してからずっと外国人、よそ者、アメリカ女優と言われ、モナコ人たちから嫌われていた。だが、夫レーニエ公の危機に際して、決意を固めてフランス語の勉強も一生懸命するようになった。身だしなみも貴族としての立居振る舞いを一生懸命勉強する。この様子を映画は描いている。

そしてグレース・ケリー自身が、国際赤十字のチャリティーの舞踏会をモナコで開く計画を立てた。赤十字《レッドクロス》のためにお集まりくださいという招待状を世界各国の役員の貴婦人たちに送った。10月9日に、世界中から各国を代表する貴婦人たちがモナコに集まった。

実は赤十字の役員は、世界各国の貴族の名誉職だ。日本赤十字の名誉総裁は、今も美智子皇后であり、副名誉総裁には皇太子殿下・同妃殿下・秋篠宮妃殿下・常陸《ひたち》宮殿下・同妃殿下・三笠宮殿下・同妃殿下　寛仁《ともひと》親王妃信子殿下・高円宮《たかまどのみや》妃殿下が名を連ねている。だから世界基準でいうと、貴族どころか、各国の国王の奥さまみたいな女たちが国際赤十字の会の一番上にいる。こういう淑女たちが集まるということは、これはもうすごいことだとわかるだろう。

王国（キングダム、モナーキイ）でない国からは大統領や首相の奥様が来る。あるいは、ちょっと下のその国の実力者の奥様みたいな女が赤十字のトップになっている。そこでグレースは大演説をした。「モナコを助けてください」とは言わなかったが、「私たちの家族の平和を守ってください、ここに爆弾や大砲や軍隊が入ってこないようにしてください」と切々《せっせつ》と演説した。

このグレース・ケリーの演説で、全体の雰囲気が一瞬のうちにガラッと変わって、それでモナコが救われたということになった。フランス語で演説するのかな、と私は思ったが英語で演説していた。役者はニコール・キッドマンなのだから。

私がびっくりしたのは、この場にドゴール大統領自身が来ていたことだ。「私は行く」と言って奥様を連れてやって来た。これは事実だ。本当にドゴールとしては、モナコ公国なんか潰してフランスに併合（吸収）してやるという気持ちだったのだろう。

結果としてドゴールはモナコを潰せなかった。ドゴールは、「アメリケーン（アメリカ）のアクトレスが……どうのこうの」とぶつぶつフランス語で文句を言って怒っていたが、それで終わった。ドゴールの負けだ。

私がもっとびっくりしたことは、アメリカ合衆国から誰が来たか、だった。このチャリティ舞踏会が始まる前に、モナコの王室の隣の迎賓館（ここが会場だろう）の正面の車寄せがあって、そこにはモナコの人々が何百人か集まっていて、セレブ（リティーズ）たちが来るのを見物に来て、警官たちもいたのだが、グレースはわざとモナコ市民たちのところに近寄っていって、仲よくあいさつをするというシーンがあった。その前の場面では、グレース・ケリーは習いてのフランス語で、モナコの庶民の市場《いちば》へ出掛けて庶民と交わり、公妃として好かれようと努力した。

会場に入る正面階段のところで、なんと、アメリカ代表はマクナマラ国防長官だった。大柄のマクナマラ国防長官が奥様と来ていた。玄関の反対側にはドゴール大統領夫妻がいて、その真ん中を一番最後に、招待者であるレーニエ3世とグレース・ケリー公妃が階段を上がっていった。私は、このマクナマラの登場にびっくりした。簡単に言うと、初めからアメリカがモナコを守ってやるという計算だったのだ。

普通の人はわからないと思うが、当時のロバート・マクナマラ国防長官という人は、ハーバード大学出の超秀才と言われていて、彼がベトナム戦争も始め、1964年にアメリカ軍の介入もさせたのだと、私は知っている。その前に、ディエンビエンフーの陥落（1954年）で、ベトナムはフランスの支配を自力で打ち破っている。ラオスとの国境にあったフランス軍の大規模な基地のディエンビエンフーを、当時のベトミンというベトナム独立運動組織が包囲して打ち負かした。その後、アメリカが介入（インターヴェンション）して、ドロ沼のベトナム戦争（1964〜1975年）になっていったという背景がある。

『ベスト・アンド・ブライテスト』 *"The Best and the Brightest, 1972"* という本があって、ニューヨークタイムズの花形記者だったデイヴィッド・ハルバースタムという男が、1972年に書いた。なぜ、世界一のアメリカで能力的に一番最良（ベスト）かつ最も優れた頭脳（ブライテスト）の男たちが、ベトナムなんかで負けてしまったのか、というルポルタージュものの政治評論本だ。
だから〝The Best and the Brightest〟とはロバート・マクナマラ（Robert McNamara １９１６～２００９）のことだった。マクナマラという男は、本当のことを言うと、〝世界皇帝〟デイヴィッド・ロックフェラー（David Rockefeller ２０１４年6月で99歳。存命）が一番かわいがった男だ。だからロックフェラー財閥の代理人みたいな男で、優秀で超秀才で人格的にも立派な、すらっと背の高い男だった。

ところがベトナム戦争が全然うまくいかないために、ジョンソン大統領のときに、「もうおまえ、辞めろ。代われ」ということになった。そして次に出てきた男が、キッシンジャーだ。ヘンリー・キッシンジャーが政権入りしたのはニクソン大統領のときで、国務長官《ステイト・セクレタリー》になってキッシンジャーが１９７２年に何とかベトナム平和協定をつくって、戦闘は終わった。そして75年に北ベトナム軍がサイゴンに攻め込んで戦争が終結してアメリカは撤退していった。

マクナマラはこの後、世界銀行《ワールドバンク》の総裁になった。感情的にもろい男で、やはり悪人になりきれなかったのだろう。大きな悪を実行できない男だった。〝ダビデ大王〟が自分の弟のようにかわいがりが一番大事にした男だった。マクナマラは２００９年に亡くなった。

だからマクナマラがこのとき（１９６２年10月9日）のモナコに来たということに、非常に重要な意味がある。「モナコにフランスの軍隊は入れさせない。アメリカが守ってやる」という意思表示だった。ここにこの映画のもつ政治的意味がある。だからこの映画は女性向けのフアッション映画でありながら政治映画なのだ。

初めからこの日のためにアメリカ女優で、貴族ではない女と結婚してたレーニエ3世の決断に意味がある。つまりイギリスとアメリカの力に、自分たちは守ってもらうという計画を実行に移した、そして成功した。ということだ。ゆえに、グレース・ケリーも、実は政治的な贈答品、贈り物（政略《せいりゃく》結婚）であって、日本のデヴィ夫人が果たした役割と一緒である。デヴィ夫人がインドネシアのスカルノ大統領にもらわれていった日本女性という形とまったく同じだ。デヴィ夫人は世界基準での Princess《プリンセス》 Devi《デヴィ》 である。そうやってインドネシアの石油利権を日本が維持した。グレース・ケリーの結婚は、最初から大きく仕込まれていた。

グレース自身は自分で一生懸命に自分の立場を演じたのだろうが、大きくはドゴールに対するアメリカからの嫌がらせ、当てつけ戦略《ストラテジー》だ。ドゴールもそのことをよくわかっていた。

１９６２年のドゴール暗殺事件にしても『ジャッカルの日』〝The Day of the Jackal〟という、小説（フレデリック・フォーサイス作）が映画（１９７３年）にもなった。今もフランスの極右《きょくう》の集団がドゴールを殺そうとした、ということになっている。アルジェリアの独立を承認したドゴールを許さない、という右翼たちがいた。ジャッカルという暗号名《コードネーム》の暗殺者《アサシネイター》（狙撃手《スナイパー》）を雇って遠くから照準器のついたライフル銃で暗殺しようとした。それが失敗したということになっている。日本の劇画『ゴルゴ13《サーティーン》』はこの映画をヒントに作られたはずだ。しかし私は本当は、アメリカのＣＩＡがドゴールを殺そうとしたと思う。

なぜならドゴールは「モスクワの長女」と呼ばれていた。ワルシャワ条約機構という、ハンガリーやポーランドなどのソビエトの衛星国《サテライト・ステイト》がつくった軍事同盟に対して、NATO《ネイトー》（北大西洋条約機構）という今流行《はやり》の集団的安全保障条約（国連憲章51条）に基づくヨーロッパ軍隊がつくられた。だが、フランスはこのNATOになかなか入ろうとしなかった。そのことに対してアメリカが怒っていた。アメリカはドゴールのことが大嫌いだった。ドゴールは自力で核保有もしたし、その名も「シャルル・ドゴール号」という原子力空母をいつも地中海に浮かべて遊《ゆう》弋《よく》（パトロール）させている。

日本でいえば、1950年代に吉田茂がアメリカの子分にはなっていたのだが、結局、ぐずぐず言うことを聞かなかった。それで東アジアでの集団的安全保障(条約)《コレクティヴ・セキュリティ・オーダー》体制ができなかった。このことと、よく似ている。ドゴールはアメリカが大嫌いで、モスクワと話をしようとしていた。そういう流れが背景にある。

ところで。映画の中でグレースは「プリンセス・ハイネス」という敬称で呼ばれている。日本だったら皇太子妃雅子殿下《でんか》と同じで、ハイネスは「殿下」であって国王の陛下（マジェスティ）ではない。国王の奥様である王妃ではなくて公妃だ。王妃はクイーンだが、グレースはあくまでプリンセスである。デヴィ夫人もヨーロッパの社交会ではプリンセスである。モナコは王国と呼べるほどの大きな国ではないので、大公《たいこう》（Archduke アーティデューク）でもない。レーニエ3世はプリンスだ。

大公《アーティデューク》は、公爵（デューク）よりも上だ。公爵《デューク》は日本でいえば大きな藩の藩主クラスだ。別の言葉ではタイクーン tycoon という。インドでいえばマハラジャ（インド・ムガール帝国の諸国の王たち）だ。公爵は藩主クラスで、その国に帰れば小さな国の国王だが、全体の国王ではない。映画『スター・ウォーズ』の主人公ルーク・スカイウォーカーもデューク（公爵）のつもりなのだろう。恋人のレイア姫（プリンセス）とは双子の兄妹《きょうだい》である。

このようにして、グレース・ケリーの役割は、アメリカがモナコを守るために最初から計画されたことだ。このことがこの映画を観てよくわかった。だから確かにモナコは今も、たった2平方キロメートルしかないのに独立国である。道路のここからがモナコという小さな標示板さえ今もないかもしれない。

レーニエ3世がドゴールの特使と大げんかしたときに、“This is sovereign state.” とわめいていた。「ここは独立国だぞ」と。ソブリーン・ステイトのソブリーンティ（国家主権《しゅけん》）を持っている独立国だと言った。これは非常に大事な言葉だ。なぜか日本ではこのソブリーンティ（sovereignty　国家主権）という英語を、何十年も国民に教えようとしない。知識人階級がバカ（にされてしまっている）なのか、アメリカの策略なのか。私はひとりで首をかしげながら、何十年も「おかしいなあ」とひとりで呻《うめ》いてきた。

ドゴールの特使が、「もうすぐここに軍隊が攻め込んできて占領するからな」と言い返していた。このドゴールの特使が、たらし込んで秘かに自分の味方にしたのが、このレーニエ3世の実の妹だ。妹と、その夫の伯爵《カウント》が裏切り者で、フランス側のスパイだった。このことが途中で摘発されバレてしまう。ここがこの映画に緊迫感を与えた。

グレースが自分の側の探偵を使って、証拠つきで暴き立てて屈服させる情景が、この映画の見せ場になっていた。毅然《きぜん》と立派に立ち居振る舞うグレース・ケリーが非常に強い女として描かれた。本当はアメリカとフランスの情報機関《インテリジェンス》同士の争い、ということだったろう。グレースの後見人（お守り役）として登場するタッカー神父というのがくせ者だ。

「レンガ職人の娘」をオーストラリア人女優が演じるということ

グレース・ケリーはアメリカ国民からは、〝クール・ビューティー〟と呼ばれていた女優で、「上品な美しさ」としてハリウッドでものすごく大事にされた。

当たり前のことだが、それに対して下品な女優で一番美しかったのがマリリン・モンローだ。大衆庶民階級から出た女として人気があった。それと対抗して、アメリカの良家の上流階級の出の娘として大事にされたのがグレース・ケリーだ。グレースの前がキャサリン・ヘプバーンだ。『フィラデルフィア物語』（1948年）で、知的な上流階級の良家のお嬢様役をキャサリン・ヘプバーンが演じた。現実にもそのように振るまった。

1955年に、グレース・ケリーは『泥棒成金』〝To Catch a Thief〟（1955年）という映画をコート・ダジュールに撮りにきている。このころのアメリカのハリウッドは戦後の大繁栄の極致だから、大金をかけて外国でロケをするというのは当たり前のことで、なるべくヨーロッパの豪華なところでたくさん映画をつくりたかった。

翌年の56年に『ハイ・ソサエティ（上流階級）』という映画に出演した。フランク・シナトラと共演した。そしてこの年、カンヌの映画祭に来てレーニエ３世と知り合ってさっさと結婚した。グレース・ケリーは引退という形になる。

グレース・ケリーは１９２９年生まれで、レーニエ３世は１９２３年生まれで6歳の違いだ。レーニエ３世には別の女優の愛人がいたようだが、結婚には至っていない。そして当時27歳のグレース・ケリーと結婚した。彼女は、女優として人気の絶頂期のところでモナコ王妃になったのだ。

グレース・ケリーが一番人気の出た映画は、アルフレッド・ヒッチコック監督の作品だ。３本のヒッチコック映画に出ている。まず『ダイヤルMを廻せ！』“Dial M for Murder”《ダイヤル・エム・フォー・マーダー》（１９５４年）だ。それから一番重要な作品は『裏窓』“Rear Window”《リアウインドウ》（１９５４年）だ。この『裏窓』が日本でも長らく最も人気を博している。

皆さんも観たことがあるでしょう。ジェームズ・ステュアートというハンサムな俳優と共演した。彼の役は、世界中を通信記者、特派員として動き回っていたが、足をけがしてニューヨークのアパートメントで静養していた。そこの裏側の、内側の庭（ヨーロッパでいえばパティオ）から見える周りの住居の窓を双眼鏡でのぞく。そのときに殺人が行われる様子がカーテンの向こうで見えた。あの映画だ。

その主人公の恋人役としてグレース・ケリーが出ていた。

ヒッチコックの映画の3つ目が前述した『泥棒成金』だ。この『泥棒成金』ではケーリー・グラントと共演している。

当時のハリウッドの一番人気のあった俳優たちと、グレース・ケリーは共演してつき合っている。絶頂期の俳優だから当然うわさになっている。しかし『上流社会』を1956年に撮った後、グレースはすぐにレーニエ3世と婚約してしまい、これが最後の映画になってしまった。

『上流社会《ハイソサエティ》』という名前はすごいが、前述した『フィラデルフィア物語』という映画のリメイクである。大した中身ではない。今でも隣に住んでいる別れてしまった前の自分の奥さんのことが気になってしようがない男の話で、これをフランク・シナトラが演じた。元の奥さんの邪魔ばかりする。本当はくだらない映画で、新興成金《なりきん》大国のアメリカの立派な住宅街の様子が出てくる映画だ。

この『フィラデルフィア物語』は1940年に大ヒットした。第2次大戦がすでに始まっていた(1939年9月、ナチス・ドイツがポーランドに侵攻)主演がジェームズ・ステュアートで、相手の女優がキャサリン・ヘプバーンだった。これに若い男役で、ケーリー・グラントが出ていた。アメリカ映画の一番いい時代というか、ハリウッドの絶頂期といっていい時代だ。

この『フィラデルフィア物語』のまさにフィラデルフィアで、グレース・ケリーは生まれて育っている。それから舞台俳優を目指した。22歳で映画俳優としてハリウッドでデビューした。『鳥《バード》』“The Birds”（1963年）というヒッチコックの重要な作品がある。多くがアカ（共産主義者）になってゆくアメリカの学者、知識人階級にアメリカの保守的な大衆が無感情の鳥の群れになって突如、襲いかかってゆくという寓意《ぐうい》の映画だ。ジョゼフ・マッカーシー上院議員に代表された〝赤狩《あかが》りの時代〟を描いた名作だ。『鳥』にはグレースはもう出遅れた。『グレース・オブ・モナコ』の中でヒッチコックがグレースに電話をかけてきて、彼のその次の映画『マーニー』に出ないか、というシーンがあった。『マーニー』“Marnie”は『鳥』の次の作品で、1964年だ。

　この『グレース・オブ・モナコ』では、ヒッチコックがモナコまで来て台本を直接手渡しして出演依頼をする。しかし実際にはヒッチコックはモナコに来ていない。ここはフィクションにしてあって、はげ頭のヒッチコックが、モナコの王宮に自分で車を運転して駆《け》のぼっていく。途中の坂道のぐねぐね回っている道の、一番景色のいいところで止まる。そしてモンテカルロを眼下に見下ろすシーンがあった。あそこが非常に重要な場所なのだろう。

　恐らくあの辺にプチホテルみたいものがある。今もやっているモナコ・グランプリ（モンテカルロ・ラリー）でここらに宿泊する人は大金を払わされるのだろう。まだ自動車というものが高級馬車並みに高価で、貴族や大金持ちたちの遊び道具だったころだ。レーシング・カーという時代がすぐに来た。本当の貴族や大金持ちの息子たちだけが、馬の時代が終わったあとの、カー・レースを行った。1910年代に小さな2人乗りの競走用の車みたいなものもどんどんつくられた。モナコの崖みたいな山道と町の中を走り回るレースがモナコ・グランプリである。

その崖から落ちて、事故で死んでしまった者たちがいる。事故を起こすことが、また大変な華やかさの象徴なのである。貴族や金持ちのバカ息子という者たちは、冒険をして、その冒険の中で死んでしまう。そうすることが、最も美しい生き方、死に方だと思われている。このことを日本人はまだ知らない。やることが何もなくなると、冒険をして死ぬのだ。それがいい。

グレース・ケリーもこの崖から落ちて死んだ（1982年9月13日）。前述したが、この映画の中でグレース・ケリーが「レンガ職人の娘」と呼ばれて、バカにされる場面がある。なぜ、この映画をニコール・キッドマンが演じたか、に通じる。ニコール・キッドマンは今47歳（1967年生まれ）で、一番いい役どころだと思う。背はスラッと高いし、踊りも踊れ歌も歌えるという芸能人として才能のある女優だ。ハワイ州生まれのオーストラリア出身の女優だ。

オーストラリア人の女優は他にもいるが、ケイト・ブランシェットもオーストラリア出身ということで低く見られる。アイリッシュやスコティッシュなどと同じでイギリス人（イングリッシュ）から見たら、被差別民とまでは言わないが、日本人と朝鮮人（韓国人）の関係みたいな感じなのである。

本当のことを言うと、欧米白人世界ではそういうことなのだ。誰も大きな声では言わないが。しかし、オーストラリア出身ということは古いイギリス人の英語を話せる、ということでイギリス国王たちの歴史ものの映画を作るときに起用される。こういうことが私たち日本人にわからない。本格的に誰かが、徹底的に容赦なく白人世界の真実を情報開示してほしい。今のところは、私、副島隆彦だけが孤軍奮闘しているだけだ。もうだいぶ疲れてきた。

オーストラリア女のニコール・キッドマンに、わざとこのグレース・ケリーをやらせたというところに、この『グレース・オブ・モナコ』の本当の隠された意味がありそうだ。なぜかまだ私にもはっきりとはわからない。

この映画の宣伝用のパンフレットの表紙に、あまり美しくないニコール・キッドマンの横顔の写真が使われている。着ているものは、国王の奥様の立派な、礼式用のすばらしいドレスで、非常に立派に見える。だが、鼻ぺちゃだ。ニコール・キッドマンは、鼻ぺちゃだ。鼻筋がピンと通っていない。それをわざとパンフレットの表紙に出しているということに私は不思議な気がした。これでこの映画を世界中に売ろうとしている。

実はここからが秘密の解き明かしだ。グレース・ケリーもアイリッシュ系だ。アイルランド系の移民の娘で、このことに意味がある。ボストンあたりの、スミス家とかカーライル家みたいな良家の娘ではない。アメリカに渡ってきた移民の家系だ。ところがグレース・ケリーの父親は、ヨット競技でアメリカ代表となりオリンピックに出て金メダルをとった頑丈な男で有名な人だ。

娘が女優になって華々しくデビューしたことがずっと気に入らなかったそうだ。最後まで娘を認めなかったという。経歴にボート競技と書いてあったりするが、ヨットマンだ。金メダルを2つのオリンピックで合わせて3つとっている。スポーツマンとしてものすごく有名で、かつ、そのあとレンガ製造業で大儲けして富豪にまでなっている。グレースはそういう古都フィラデルフィアの町の一家の出だ。自分の娘が女優なんかになったことが父親はイヤだったのだ。娘のその後の運命まで、親だから、心配していたのだろう。

グレースは1982年に自動車事故で死んだ。52歳だった。この映画のシーンの1962年の20年後だ。南仏のロックアジェルの別荘からの帰り際に、崖のヘアピンカーブのところでガードレールにぶつかって、40メートルぐらい下に落ちて次の日に亡くなった。

ステファンという自分の娘が運転していたという説も出ている。娘のほうは軽い傷で助かっている。何が真相なのか今もわからない。だが、女優は早めに美しいまま死ぬから女優なのであって、女優が長生きするものではない。苦労してやつれて人に騙《だま》されて、何かいいことがあるのか。

アイリッシュ系への差別問題が『グレース・オブ・モナコ』のこの裏側にもある。ヨーロッパ白人たちは、そのことを知っている。

2014年の9月18日に、スコットランドでイギリス(連合王国《ユナイテッドキングダム》)からの独立の可否を問う住民投票(ポピュラー・レファレンダム)があった。アイルランド人との他にスコットランド人とイングリッシュとのぐじゃぐじゃの関係がある。イングリッシュたちから見ても自分たちはどこまでがスコットランド人でどこからがイングランド人かわからない。いっぱい混ざっている。それでスコットランドの独立運動ということになった。

スコットランドにはお金もないし軍隊もないし、政府といっても県議会みたいなものがあるだけだ。イングランドとスコットランドの国境線に検問所をつくることは恐らくできない。ただ大きな意味ではひび割れを起こしてイギリスという国の力が弱まっていくことを示している。

ヨーロッパ最古のタックス・ヘイブン

最後に書こう。この映画で、モナコの秘密がようやく明らかになった。モナコはヨーロッパの貴族たちの資金（資産）の隠し場所なのだ。ヨーロッパ最古のタックス・ヘイブン　tax haven　だ。歴史をさかのぼって見ていっても、よくわからない。一体いつごろから、モナコが独立国だったか。１２００年代にフランス国王が攻めてきたが、山城に立て籠《こも》って負けなかったという記録がちらちらと出てくる。

そのころからグリマルディという一族がいて、このグリマルディ家でなければ国王になれないという決まりがあるそうだ。この映画の中で、はっきりと出てきた。グリマルディ家でなければ、モナコ公国の支配者になれないという決まりが今もある。グリマルディ家が何なのかは調べてもわからない。私はおそらく海賊の系統だと思っている。山のほうから攻められたら船で海に逃げればいい。日本でいえば瀬戸内海の村上《むらかみ》水軍とか九鬼《くき》水軍みたいな大名格の連中だったと思う。

海賊業で食べていて、近くを通る船から税金を取った。襲撃されたくなかったら通行税を払え、という形で生きた人たちだ。それが地域の支配者となって戦国大名みたいになったのだろう。

だからモナコ公国は今もタックス・ヘイブンだ。この話は公《おおやけ》にはしないことになっている。例えばルクセンブルクやリヒテンシュタインは割と大きく、ここにはドイツ人の大企業や大金持ちたちが資金を逃がしている。そのことが調べられて近年騒がれている。あるいはサンマリノ共和国や、フランスとスペインの国境の山中にアーンドラ国という小さな国がある。

こういう小さな国（微少国家）に大金持ちたちが逃げてきて、本社を移して税金を払わないで済ます、というタックス・ヘイブンの動きが４００～５００年前からある。これをたたき潰すことは簡単にはできない。本当のタックス・ヘイブンの考え方がヨーロッパで一番古くからあるところがモナコだ。だからドゴール大統領がモナコを占領して、フランス国の一部として大企業たちに税金を納めさせるということをしようとした。だがアメリカの横槍でできなかったということの映画の重要性がある。ここに歴史の現在がある。

副島隆彦は、「タックス・ヘイブンは潰してはいけない。国家（政府）に逆らって金持ちたちが逃げる場所をもっとつくらなければいけない」という考えだ。そうしないと金持ちたちだけがつくる豊かな文化が滅んでしまう。この問題がどうしても出てくる。金持ちたちといっしょに、学者、知識人、自由思想家、芸術家も逃げ場所をつくれるからだ。それが知性《ソフィア》と文化《クルツーア》、教養《ビィルドゥング》、芸術《アルテ》を育てる、ということだ。金持ちたちは、没落したくないから、何があっても必ずそういう逃げ場所をつくって、これからも生き延びていく。私はそう思っている。

タックス・ヘイブン（税金避難《ひなん》地）を全部一切合切なしにして、国家の官僚制度、中央集権国家の政府によって金持ちたちの富・財産が全部、国に見張られ管理され、高い相続税がかけられて、なくなってしまうということに、私は反対だ。人間が自由でなくなって、人間（人類）の未来が危なくなる。だからこの1962年にモナコの独立が守られた、という事件を中心に描かれた『グレース・オブ・モナコ』というのは、重要な政治映画なのである。

第3章

イスラム教とは何か

過去のボスニア紛争と今の「イスラム国」IS《アイス》がわかってビックリする

『サラエボ、希望の街角』

原題：NA PUTU（ON THE PATH）

製作国：ボスニア・ヘルツェゴヴィナ／オーストリア／ドイツ／クロアチア（2010／104分）
監督：ヤスミラ・ジュバニッチ
出演：ズリンカ・ツヴィテシッチ／レオン・ルチェフ／ミリャナ・カラノヴィッチ／エルミン・ブラヴォ／マリヤ・ケーン

『サラエボの花』でベルリン映画祭金熊賞に輝いたヤスミラ・ジュバニッチ監督の長編第２作。現在のサラエボに生きる一組の男女の愛の行方を戦争や宗教問題を背景に描く。

異なる民族、宗教が共存していたかつてのサラエボは、ボスニア・ヘルツェゴビナ国の首都として紛争を経て、イスラム教徒が大半を占めるようになった。その社会情勢を背景に、恋人が過激イスラム教へ向い困難に直面する。それでも前へと踏み出すひたむきな姿を繊細に綴る。

『サラエボ、希望の街角』DVD　価格：4800円＋税　販売：アルバトロス

悲惨な民族対立から20年、寛容への道さぐるカップル

ボスニア人の女性監督ヤスミラ・ジュバニッチが、２００６年のベルリン国際映画祭で金熊賞《ゴールデンベア》（最優秀賞）を受賞した作品『サラエボの花』の続編である。旧ユーゴ紛争のその後を描いている。

ボスニア・ヘルツェゴビナ内戦（１９９２〜95年）の中で一番悲惨だったのは「スレブレニツァの虐殺」だ。旧ユーゴスラビア連邦の中心民族は、隣国のセルビア人だ。そのセルビアたちの武装勢力が、対立する同国内のボシュニャク人（モスレム人。古い白人系イスラム教徒）と呼ばれるイスラム教徒約８０００人を殺したとされる。本書Ｐ１４１の映画『カルラのリスト』にも出てくる。この事件が起きた１９９５年の傷跡を引きずったボスニア・ヘルツェゴビナ（首都サラエボ）の15年後の今を描く。今はこの小国も静かに落ち着いている。しかし、その裡側《うち》は深刻だ。

日本人がこの地域を理解するのは困難だ。人種（民族）と宗教が入り混り歴史のなかで複雑に分かれている。旧ユーゴの盟主のセルビア国から分離してできたボスニア・ヘルツェゴビナにもセルビア人（セルビア正教徒）が今も31パーセントいる。これと宗教のちがいで対立するボシュニャク人が多数派で44パーセントいる。彼らは15世紀以来のオスマン・トルコ帝国のバルカン半島（南スラブ人地帯）の征服で生まれたヨーロッパ白人系のイスラム教徒だ。ほかに

クロアチア人（カトリック教徒。南ドイツ人に似る）が17パーセントいる。

映画は、ボスニアの首都サラエボで、停戦から15年後の、戦争の傷を背負って生きるボシュニャク人（モスレム人）の一組の男女の生活を描いている。戦闘シーンはない。

イスラム原理主義《ファンダメンタリズム》運動が不気味に静かに台頭している。その波はヨーロッパにまで広がっている。この雰囲気の中で、もがき苦しむ女性フライト・アテンダント（客室乗務員）のルナが主人公だ。パートナー（恋人）のアマルが次第にモスクでの礼拝に安らぎを覚えるようになる。さらにはイスラム原理主義の集団生活の中に入っていく。

アラブ諸国のイスラム原理主義にはワッハーブ派というサウジアラビアの強力な宗派からの資金が入っている。ワッハーブ派は18世紀に生まれて、サウド家（今の王家。リヤド大守《たいしゅ》の家系）が支配する今のサウジアラビアの国教になっているイスラム教スンニー派の一宗派である。サウジアラビアとは「サウド家が支配するアラビア」という意味である。

ルナは恋人のアマルの行動に強い不安を覚え、言い争う。アマルが入っている集団生活運動の様子も見に行く。そのときの様子がこの映画に刻明に描かれてる。

このアマルが入信（参加）していったイスラム教内の過激な宗教運動こそは、現在２０１４年6月から、突如、イラクの北部とシリアの東に出現した「ＩＳＩＳ《アイエスアイエス》 イスラム国」を構成しているものだ。「サラフィー Salaphine セラフィスト」（Salaphists）と呼ばれる狂言的な新しいイスラム教の青年運動である。そして、このセラフィ（サラフィスト）たちに資金援助して背

ルナは恋人のアマルと別れることを決断する。アマルが過激なイスラム原理主義者(セラフィスト、ジハーディスト）になったからだ

後から応援しているのはサウジアラビア王家と国教ワッハーブ派そのものなのである。

夫婦、恋人どうしの中に宗教の対立が持ち込まれると、どれぐらい大変か。私たち日本人にもわかる。大陸で生きている諸民族は、いろいろなものが混ざり合ってもっと大変だ。政治と宗教と民族の対立が複雑に絡むと、おそらく解決法は……ない。憎しみ合いを柔らげるには相手に対してとにかく寛容、ひたすら寛容、寛《ひろ》い心になるしかない。我慢と寛容がなくなったら激しいケンカになって分離、別離してゆく。

島国に住む私たち日本人の本音を言えば、この島国に立て籠ることで安らぐことができる。四囲の海という天然の要害のために日本に安全と幸せがもたらされている。本音の本音で言えばそういうことだろう。誰も日頃口にしないが、日本人は皆わかっている。

この地域は今ではバルカン半島と呼ばれることがなくなった。

このP103に掲せた地図からわかるとおり、サラエボを中心にした一帯（大地域《リージョン》）は、実は、「南《サウス》スラブ人の世界」である。世界歴史の勉強をすると、これらの国が、すべて南スラブ人たちによってつくられた国々であることがわかる。

ゲルマン大移動（西暦375年）と同じ頃から、スラブ人たちもこの地に住むようになったようだ。だから「サラエボ」Sarajevo と、旧ユーゴ Yugo スラビア Slavia にセルビア Serbia（人）がいる。これとスロヴェニア国 Slovenia は似ている。西どなりに分離したクロアチア国は東に大きなスラヴォニア Slavonia 地方がある。

この他にチェコスロバキアは2つに分かれたが、スロバキア Slovakia というのも同じくスラブ人の国であることがわかる。そしてロシア人とウクライナ人とポーランド人たちが北スラブ人の代表だ。ハンガリー人（マジャール人）だけはちがうことになっている。ルーマニア（ロマニア）は、「自分たちは古代ローマ帝国のローマ人たちの（植民都市の）子孫だ」と言うのだろうが、実際は南スラブ人だ。ブルガリア人も「自分たちはブルガン族（ブルグンド王国）だ」と言うのだろうが大きくは南スラブ人だ。このようにものごとは大きく理解するべきだ。

そしてスラブ人 Slav が語源《エティモロジー》となって slave スレイヴ、奴隷というコトバになった。スラブ人たちは、ローマ人やゲルマン民族からは、寒い北の方にいて奴隷狩りの対象にされる人々だったのだ。このことはあまり書いてはいけないことなのだろうが、日本国民のための大きな歴史の勉強としてここに書いておく。

政治イデオロギーよりも、世界中で宗教と民族人種対立の問題がこれからの世界は大きくなっていくことをこの映画が鋭く指摘している。大国に挟まれる小国が、なんとか平和と成長を続け、他者（他国）へ寛容の態度を我慢強くとり続けて、堅実に生きていくためには知恵を絞るしかない。その点では、ボスニアも日本も変わりはない。

イスラム教の危険な新興宗教運動イスラム国の真相

サラエボは、かつては、人々にとって理想的な街だった。美しく、古い歴史があり、市民はこの街を誇りにしていた。街角で歌声や笑いがたえることなく、異なる民族と宗教が共存する、コズモポリタンの街として知られていた。旧ユーゴスラビアの社会主義政権下でも、他の国々とは一線を画すおおらかな自由があったそうだ。

ところが1992年に始まったボスニア戦争は、1995年に終息するまでに甚大な被害を与えた。首都サラエボは3年半にわたってセルビア人勢力によって包囲され、人々は、狙撃手《そげきしゅ》（スナイパー）の銃弾から逃れながら食料や水を運び、生活必需品が窮乏するなかで、生きのびた。

第1作『サラエボの花』で、2006年ベルリン国際映画祭金熊賞に見事輝いたヤスミラ・ジュバニッチ監督は、1974年、サラエボに生まれた。紛争の最中に10代を過ごしこの街が破壊されてゆくさまをつぶさに見てきた。『サラエボの花』は、紛争後10年を経た時の戦争の痛々しい傷跡を母と娘の葛藤として描いていた。

本作『サラエボ、希望の街角』は、今を生きる若い女性ルナの紛争の記憶が今もなお残るなかで、サラエボの街でこれから歩むべき未来をしめそうとした。

かつてのサラエボは、イスラム教を中心に、セルビア正教会、カトリック教会がゆるやかに混在した街だった。しかし紛争のあとはイスラム教徒が人口の大半となる。イスラム教の規律もかつては寛容なものだったが、最近はどんどん厳格なものを志向するようになっている。

この映画のあらすじを再度書く。

ボスニア国の航空会社の客室乗務員として働くルナ（ズリンカ・ツヴィテシッチ）と、空港の管制官であるアマル（レオン・ルチェフ）は、首都サラエボで結婚を前提に同棲生活を送る。アマルを愛するルナは、早く彼の子供を産みたいと望んでいた。幸せな2人だったが、「サラエボ紛争」（旧ユーゴ内戦の一部）によって精神に深い傷を負っていた。ルナは目の前で両親を殺され、避難民として生きた。アマルも苛酷な戦場を経験し、弟を失った。

2人とも戦争の記憶を拭おうとしていた。だがアルコール依存症に陥ったアマルは、勤務中の飲酒が原因で6ヵ月間の停職処分を受けた。すなわちクビだ。ルナは医師から人工授精を勧められて悩む。

ボスニア紛争で両親を亡くしたルナは、独り暮らしをしている祖母の家に立ち寄ってケーキ作りを手伝う。「私を訪ねてくれるのはお前だけだ。お前にアッラーの恩寵（ご加護《かご》）があるように」と優しく慰められる。

アマルが「仕事を見つけた」と言い出した。子供向けのパソコン教室の先生だという。その仕事は、バフリヤという男からの紹介だ。アマルのかつて戦友であるバフリヤは、イスラム原理主義の教徒で、ルナに「すまないが私たちは女性とは握手できないんだ」と言った人物だった。仕事場のヤブラニッツァ湖はサラエボから遠く離れていた。アマルは「数日で帰ってくる」と言い残して出駆けた。

一時アマルと音信不通となった。何度もかけてやっと繋がったアマルの携帯に出たのは別の教徒だった。ルナは自ら現地に向かうことを決意した。サラエボまで迎えに来たナジャという女性が運転する車と連絡船を乗り継ぎ、彼らのコミューンにたどり着いた。そこは親友から聞かされたような「テロリストのキャンプ」ではなかった。しかし女性たちが黒いベールで全身をすっぽりと覆い、男性から完全に隔離されて暮らしていた。ふつうのイスラム教徒として育ったルナの目にはかなり奇異な光景に映った。

夜になってやっとルナはアマルと対面した。アマルは、このコミューンでの生活にすっかり馴染んでいた。彼は信仰に安らぎを見つけてすっかり酒を断ったと言った。翌日、コミューンを後にしたルナは、帰りの車の中でナジャから「イスラム女性の義務は出産よ。西洋の女性はキャリアの奴隷になっていて出産をしない」と告げられ、複雑な思いを抱く。

数週間後、ルナはようやくサラエボに戻ってきたアマルと抱擁を交わす。が、その喜びは長く続かなかった。親戚一同が集まって断食明けを祝う場で、アマルが突然、語気を強めて信仰についての説教を始めた。そしてルナの祖母の怒りを買った。アマルは礼拝のため熱心にモスクに通い、アパート内でも欠かさず祈りを捧げるようになった。さらに正式な結婚をするまではセックスをしない、子供もつくらないと主張する。ルナは自らもモスクへ足を運び、以前とは別人のようになったアマルを理解しようと努める。しかし2人の溝は埋められなかった。

ある夜、酔って街を彷徨った彼女は、同じサラエボの町で今はキリスト教徒の住居地区になっている、自分の育った地区に行く。紛争で受けた外傷《トラウマ》（長らく奥底に封印してきた精神の傷《きず》）

と向き合う。どのような選択をすべきか。自分は本当にアマルを愛し、彼の子供を産むことを願っているのか。苦しみながら自問自答を繰り返したルナは、覚悟を決めてアマルに自らの意思を告げる。

ルナにとって何より大切な問題は、未来のために何を選択をすべきかだった。もがき苦しんだルナは、決然たる表情で前を向き、アマルに自らの意思を告げた。2人は別れて別々の道を歩む。

もっと本当のことを書こう。サウド家が支配する今のサウジアラビア王国が、一族（ねずみ算式に増えて1万人もいる）による支配がすごくて腐敗の限りをつくしている。だからサウド家の支配を打ち倒そうとする反政府運動がこれから興りうる。ただし、エジプトのナセル革命（1952年から）を指導したアラブ世界全体の社会主義運動であるバース党の運動（実は、今のシリア政府も、イラクのサダム・フセインもリビアのカダフィも、皆、このバース党の系譜のアラブ社会主義の指導者たちだ）はすべてたたき潰された。だから、裏で潜かにアメリカ及びイスラエルともつながっているサウド・アラビア王国の勝ちである。

そしてこのサウド家の国王たちはしたたかで強腕で強力である。彼らはすべて今もイブン・サウド（1880～1953）の子供及び孫である。

このサウジアラビアの国王たちは、世界最大の石油利権を握って、アメリカ合衆国の世界支配に協力する形で動いてきた。だからサウド家こそはアラブ・イスラム世界の大きなワルの集団なのである。

そしてサウド家は、凶暴なワッハーブ派を今も国教に定めて、「預言者、聖者の墓所を参拝することも禁じる」とか、「創教者ムハンマドをも超えるもっと古いものへの帰依」とかを主張した。さらには、メッカのカーバ神殿（聖地）を破壊することさえもした。このワッハーブ派が現代のジハーディスト（Jihardist、聖戦《せいせん》主義者）と呼ばれる、凶暴なイスラム過激主義の若者たち（これがサラフィーたちだ）を育てるための資金源、軍事力となっているのである。

現在のアラブイスラム世界の最大のこの大きな秘密を日本では誰もはっきりと書こうとしない。この映画『サラエボ、希望の街角』のアマルが、このサラフィー（セラフィスト）の集団生活運動に入ってゆき、その中に大きなやすらぎを覚えるというのは、大いにあることだ。

このヨーロッパ白人世界にまで広がるイスラム教の危険な新興宗教運動が、まさしく２０１４年６月に、北イラクに突如出現した新たなる傭兵《ようへい》隊（mercenary《マーシナリー》）の運動であるＩＳＩＳ《アイエスアイエス》略称ＩＳ《アイエス》「イスラム国」Islamic《イズラミック》 State《ステイト》（５万人ぐらい）の裏側の真実なのである。今や、ここに１万人ぐらいの欧米で育ったイスラム教徒の若者たちが、大きな不満を胸に抱きながら煽動されてイギリス、フランス、アメリカからどんどんＩＳＩＳに参加している。

エチオピア系ユダヤ人という人々までいる。コプト教(キリスト教)とも異なる

『約束の旅路』
原題：VA, VIS ET DEVIENS

製作国：フランス（2005／149分）
監督：ラデュ・ミヘイレアニュ
出演：ヤエル・アベカシス／ロシュディ・ゼム／モシェ・アガザイ／モシェ・アベベ／シラク・M・サバハ

1984年、エチオピアの母子は干ばつによる飢饉や内紛を逃れ、隣国スーダンの難民キャンプへとたどり着いた。母親はそこでエチオピア系ユダヤ人だけがイスラエルに脱出できることを知る。

母子はキリスト教徒だったが、母は９歳の息子を生かすため、彼にユダヤ人と偽るよう命じ、ひとりイスラエルへと旅立たせる。エチオピアのユダヤ人をイスラエルに移住させる「モーセ作戦」というイスラエル国の政策があった。この時代を背景に、ひとり旅立つエチオピア人少年の成長を描いた。

『約束の旅路 デラックス版』DVD
価格：4700円＋税　発売元：カフェグルーヴ　販売元：NBCユニバーサル・エンターテイメント

「平和共存」派が描き出すイスラエル社会の理想と苦悩

今のイスラエルに、「ファラシャ」と呼ばれるエチオピア系ユダヤ人が9万人暮らしているそうだ。

彼らは、紀元前10世紀のソロモン王と、古代エチオピア王国のシバの女王の末裔だと信じられている。エチオピアのユダヤ教徒たちは『トーラー』Torah（モーセ Moses 五書）を教典とするが、ユダヤ教の戒律集である『タルムード』Talmud のほうは伝承していない。『タルムード』よりも成立が古い『トーラー』だけを聖典として、長い間エチオピアの峡谷地帯で生きてきた。エチオピアに今も残るコプト教という古いキリスト教徒たちとも異なる。コプト教徒は代表を大司教《アーチビショップ》としてヴァチカン（ローマ・カトリック教会）に送っている。

この映画は、フランス制作だが、キリスト教徒であったエチオピア人の少年が、生き延びるためファラシャを装い、生母と生き別れて、イスラエル社会で成長していく姿を描いている。彼は、温厚なフランス系イスラエル人夫婦の養子となり、成長してパリで医学を学んで再び帰ってくる。その後スーダンの難民収容所に戻って生母と再会した、という筋立てである。

いろいろな人種と宗教の問題が複雑に重なる。私たち日本人には、中国残留孤児の日本への帰国問題と重なって見える。そこに当然あるであろう数々の人間的な苦悩が描かれている。

この映画は、今のイスラエルのリベラル勢力であるイスラエル労働党とフランスの左翼（ゴ

イスラエルの労働党という温建派リベラルの人々が作った映画だ。イスラエル国は強硬で好戦的な右翼たちが目立ち過ぎだ

9歳の黒人少年は、ユダヤ人を装いスーダンの難民キャンプからイスラエル行きの飛行機に乗り込む。

ーシュ）が協力し合い共同する立場から描かれている。イスラエル国にもいる左派のイスラエル人たちは、イスラム教徒であるアラブ諸国やパレスチナ人との平和な共存を目指している反戦平和派である。だから人種差別《レイシズム》に反対する人々である。それでもイスラエル国民としての兵役の義務は立派に果たす。「頑迷な右翼（保守派）の連中の思い通りにはさせない。そのために私たちは兵役にも服す」というのが彼らイスラエル・リベラル派の切実な態度選択だ。

エチオピア系ユダヤ人は、この理想主義的な人々に支援され守られている。この左派イスラエル人たちが、例の「キブツ」という開墾地での農場経営である集団生活運動を長年推進してきたのだということもこの映画でわかった。現在はキブツは法律で廃止されているらしい。

今もアラブ諸国やパレスチナ難民との軍事衝突を辞さない強硬な保守勢力で、正統派《オーソドキシー》ユダヤ人の諸宗教政党の集まりであるリクードがネタニエフ首相の現政権をつくっている。「ラビ庁」という宗教行政を行う復古的な人々の姿もありのままに出てきて、今のイスラエル国内の様子がよくわかる。私たちはこのような映画を観ることで、虐げられているアラブ人たちだけでなく、数千年の歴史を経、複雑な事情で今も戦乱のなかにあるイスラエル国民の苦悩を、少しはわかることができる。

1984年、イスラエル情報機関モサドによって、南の隣国スーダンの難民キャンプからエチオピアのユダヤ人だけを救出しイスラエルへ移送する、という「モーセ作戦」が実行された。

母親（マスキィ・シュリブゥ・シーバン）は、エチオピア系のユダヤ人だけがイスラエルに脱出できることを知った。2人はキリスト教徒だったが、母は9歳の息子（モシェ・アガザイ）をユダヤ教徒だと偽り、イスラエル行きの飛行機に乗せた。

少年は受け容れ側の偽りの母ハナ（ミミ・アボネッシュ・カバダア）の助けで入国が許され、シュロモという名をもらう。ハナはまもなく病に倒れシュロモを残して死んだ。シュロモは、ヤエル（ヤエル・アベカシス）とヨラム（ロシュディ・ゼム）夫婦の養子となる。差別されることに対するファラシャの抗議運動がテレビで報道された。シュロモはそこで知ったファラジヤの宗教指導者のケス・アムーラ（イツァーク・エドガー）に会いに行く。

数年後、シュロモはテレビでアフリカの干ばつを知る。実の母を捜しにアフリカに行きたい、とケスに訴えた。真実を隠して生きることに耐えられなくなりシュロモはケスに告白した。「僕はユダヤ人ではありません」。ケスは言った。「お前の母は、お前を愛すればこそ、ここへ送ったのだ」。やがて、シュロモは自分の道を見つけ、パリに行って勉強し医師になった。

1993年、シュロモ（シラク・M・サバハ）はパリで卒業証書を受け取り、帰国しようとした。しかしケスに止められる。ユダヤ人だと偽ったエチオピア人が訴えられ大問題になっている、と。シュロモはスーダンの難民収容所にいる母に会いに帰り、そこで働くことになった。

ベルリン映画祭でパノラマ部門「審査員特別賞」と「観客賞」を受賞した。観客の圧倒的な支持を得たからだ。

トルコ人の気質がわかる。コンスタンチノープルが世界の東西の分かれ目だ

『クロッシング・ザ・ブリッジ 〜サウンド・オブ・イスタンブール〜』

原題：CROSSING THE BRIDGE: THE SOUND OF ISTANBUL

製作国：ドイツ／トルコ（2005／92分）
監督：ファティ・アキン
出演：アレキサンダー・ハッケ／ババズーラ／セゼン・アクス

トルコ最大の都市イスタンブール（かつてのコンスタンチノープル）は古くから様々な民族が行き交い、多様な文化が融合し発展してきた。この大都市では、音楽も他とは違うユニークな魅力にあふれている。イスタンブールで独自に発展したロック音楽のシーンにスポットを当てたドキュメンタリー。

監督は『愛より強く』のファティ・アキン。音楽を担当したアレキサンダー・ハッケが、イスタンブールで多くの音楽集団や有名歌手と出会う。今のトルコ人の音楽が激しく奏でられる。

『クロッシング・ザ・ブリッジ　〜サウンド・オブ・イスタンブール〜』DVD　発売元：ビクターエンタテインメント

東西文明の接点で育まれた「雑種音楽」の魅力に酔う

トルコの大都市イスタンブール（かつてのコンスタンチノポリス。「コンスタンティヌス帝が作った都」の意味）は、人類の文明5000年の歴史（本当に、人類の文明《シビティセクション》は5000年なのだ。それ以上には遡《さかのぼ》らない。1万年前とかはない）で、77の民族と宗教が交錯した都市だそうだ。ここで東西の文化がここで混交している。ドイツの前衛的ロックバンド「アインシュテュルツェンデ・ノイバウテン」のギタリスト、アレキサンダー・ハッケが、この地でトルコの各世代の音楽家たちを突撃インタビュー風に訪ねて交流する。トルコの特異な文化と音楽思想を抉《えぐ》り出すように紹介している優れた音楽ルポルタージュ映画である。

ハッケはベース・ギタリストとして自らトルコ人音楽家たちのバンドに飛び入りで参加したりする。ドイツ人がトルコ人の音楽世界を紹介するという点が重要である。ドイツとトルコは深く関わり合う。トルコは、長い歴史の風雪を経て、ドイツとは第一次大戦のときに同盟国《アライ》ally となり深い関係を築いている。この映画の監督のファティ・アキンは、ドイツで育ったトルコ移民の二世である。今のドイツには12％のトルコ人がいる。ドイツ人口の12％がトルコ系だということだ。トルコ人の移民《イミグラント》（出稼ぎ労働者）をどう数えるかの問題がある。その子供たちでドイツで生まれ定住している人々がいる。

この映画で紹介される多彩な音楽家たちから、この40年間ぐらいのトルコ音楽の「重要なものをすべて網羅してご覧に入れよう」という意気込みを感じさせる。私の勝手な理解で言えば、トルコの山口百恵に相当するセゼン・アクスは、１９７０年代の歌姫としてトルコ国民に、今も女神のように敬愛されている歌手である。彼女が尊敬する往年の大歌手、ミュゼイイエ・セナールは86歳の高齢で、さしずめトルコの美空ひばりだと思う。エルキン・コライというトルコの民族楽器ジザを奏でながら歌う何とかという歌手は、たくさんの映画の主役を務めている点から、石原裕次郎や加山雄三に匹敵する歌手だろう。アイヌールは自分がクルド人であることを隠さずに、抑圧されてきた民族のバラードやエレジーを歌いあげる女性歌手だ。

その他、ストリート・ミュージシャンの旗手のようなバンドやロックンロールのバンドが次々に登場し、迫力満点のビートに酔わされる。ドンジャカ、ドンジャカ楽器が鳴り響いてうるさいぐらいだ。これが果してロック音楽なのか、と疑いたくなる。それぐらいに東（ザ・イースト）と西（ザ・ウエスト）が混ざり合い、このイスタンブールで融合する。

冒頭とおしまいでは、ババズーラというロックバンドが、ボスポラス海峡を行く船の中で、欧米のロックとイスラム風音楽とトルコの伝統音楽が混ざった独特の哀切な音を奏でる。折しも遠くのモスクから「アザーン」adhān と呼ばれるイスラム教の礼拝の声が聞こえる。東洋《オリエント》と西洋《オクシデント》の渾然一体とはこのことだろう。イスタンブール（コンスタンチノポリス）は、アジアとヨーロッパの境界の都市である。題名の『クロッシング・ザ・ブリッジ』は、このボスポラス海峡に架かる大橋を東西文化混交の象徴としてとらえたものだ。私は２０１０年にトルコに行き、このイスタンブールの街を歩き回り、ボスポラス海峡に架かる4つの大橋を渡って、1453年のオスマン・トルコのメフメト2世による「コンスタンチノープル陥落」の大事件の叙事詩に酔いしれた。

私たち日本のポピュラー音楽も実は同じような文化混交から生まれている。私たち自身は内部にいるからあまり実感しないが、外側からの目で見るならば、雑種文化の面白さが感じられるに決まっている。その点では日本はトルコと実によく似ているに違いない。トルコ人は日本人が大好きだ。だから「トーゴー（東郷平八郎）ビール」があるとよく言われる。私も飲んだ。だが、「あなたは日本（人）が好きですか」などと、誰がそんなあつかましいことを聞いて回れるか。独善的な日本バカ民族優越主義（エスノ・セントリズム）もいい加減にしろ。

この映画はトルコ版の『ブエナ・ビスタ・ソシアル・クラブ』（1999年）と言われる。音楽ロードムービーである。監督のファティ・アキンは『愛より強く』（2004年）でベルリン国際映画祭金熊賞を受賞し、カンヌ国際映画祭の審査員を務めるドイツを代表する監督である。

再度あらすじを追いかけよう。この映画で音楽監督を務めたアレキサンダー・ハッケは、金属片やチェーンソーなども楽器として使用し、1980年代に日本にも紹介された、ドイツの「アインシュテュルツェンデ・ノイバウテン」のメンバーであり、ベルリン・アンダーグラウンド・ミュージック界の重鎮である。

彼が最初にイスタンブールの音楽に出逢ったのは、映画『愛より強く』の音楽制作をしたときだ。イスタンブールの音楽の魅力に取りつかれた。その魅力の秘密を求め、現地の音楽家たちとセッションを重ねた。

西洋音楽をやり続けてきたハッケにとって今回の映画づくりの旅の目的は、エレクトロニカや、ロック、ヒップホップ、そして伝統民謡や大衆音楽に至るまで、幅広いジャンルを奏でることで、トルコ音楽の多様性に最大限触れることだ。町のあらゆる所に溢れ、そこに住むすべての人たちから深く愛されているこの地の生きた音楽シーンをカメラに収めた。

彼は、イスタンブールでもっとも西洋的な場所であるベイオール地区（海峡の西側で金角湾《きんかくわん》の南にある）の由緒あるブユック・ロンドラ・オテル（グランド・ホテル・ド・ロンドン）を拠点とした。ハッケは最新鋭のハードディスクやフィルムの先端電子機材もこの街が醸《かも》し出す多様性、そして音楽と映像の圧倒的な力を十分に映し取ることはできないのだと実感した。

一本の映画の中にすべてを収めきることはできない。独特の魅惑的な音楽によって、この大都市に住む多種多様な人々と気持ちがつながり、私たちはその魅力の虜《とりこ》となる。

第4章

戦争の真実

デンマークがドイツに加担していなかったと強がりで作った映画

『誰がため』

原題：FLAMMEN & CITRONEN

製作国：デンマーク／チェコ／ドイツ（2008／136分）
監督：オーレ・クリスチャン・マセン
出演：トゥーレ・リントハート／マッツ・ミケルセン／クリスチャン・ベルケル／スティーネ・スティーンゲーゼ／ハンス・ツィッシュラー

ナチス・ドイツ占領下のデンマーク国で、レジスタンス組織の一員としてナチ協力者の暗殺を実行した実在の２人の警察官の姿を描く。1944年4月、デンマークの首都コペンハーゲン。組織の一員として、ナチス側に付いて国を裏切った者たちを暗殺する任務を遂行していたフラメンとシトロン。

2人はある任務をきっかけに、組織に内通者がいることを知る。疑心暗鬼に陥りながらも、2人は祖国のための戦いを続ける。史実を映画化し、デンマーク国内で大ヒットを記録した。

戦争の史実を掘り起こしデンマークの立場を明らかにした

ナチス・ドイツが台頭して、ヨーロッパを席巻した１９３０年代とその後の戦争突入の時代に、ドイツの北の隣国デンマークはどのような運命を生き、行動したのか。ドイツに制圧されたデンマークにも、ドイツ軍の侵攻・占領に対して勇敢に抵抗するレジスタンス運動があり、国民的な抵抗が、一応あったことをこの映画は描いている。

１９４０年4月9日、デンマークとノルウェーは電撃的に占領された。映画では、フラメンとシトロンという組織名を持つレジスタンスの暗殺実行部隊の２人の男が、ナチスのゲシュタポ Gestapo（国家警察《ゲマインデ・シュターツ・ポリツァイ》）に協力する売国奴たちをレジスタンスの上層部からの殺害命令で次々と暗殺する。最後に、この２人はゲシュタポの急襲を受けて勇敢に戦って死ぬ。史実の再現に、デンマーク国民の愛国心は高揚し、映画はデンマークで大ヒットしたそうだ。２００８年度デンマーク・アカデミー賞5部門を受賞した。

しかし、この映画の制作者たちは、一方で抵抗運動の大幹部たち自身が、実は自分の戦争ビジネスを持ち、ドイツ側と密かに繋がっていたという戦慄すべき史実も掘り起こす。２人が襲撃したドイツ将校の1人は、実はナチス政権内にいた秘密の抵抗運動員だった。本物のドイツ愛国者が狙われたということだ。複雑な話である。味方の中に敵がいて敵の中に味方がいる、という政治活動という悪魔の所業に手を染め身を投じる者たちが味わう魔界の真実である。

この中に、ナチスに協力的でありながらも、なんとかデンマーク人の誉りを保とうとする優れたデンマーク人の政治評論家が出てくる。シトロンは彼と話していて、遂にこの著名な評論家を撃てないで帰ってきた。

どこの国もいつの時代にも、政治運動には大きな悪《あく》が付きまとう。後にデンマークの国民的英雄とされた２人であるが、仕組まれた大きな罠の中で、いいように操られた悲劇の人間でもあったのだ。正直者の真面目な人間が時代の風の中で、巧妙に操られる。国民は扇動されて残酷な戦争に自ら駆り立てられていく。だから微《かす》かにでも戦争を賛美する試みや勢力に対して、私たちは身構えて注意深くならなければならない。

高揚するドイツ第三帝国《ドライスライヒ》の時代には、兄弟国のようにして存在した周囲の小国には、当然多くのナチス賛同者（賛美者）がいたはずなのだ。当然のことだ。遠く離れた日本でも同盟国《アライ》になったドイツを讃える者たちが輩出した。大政翼賛会《たいせいよくさんかい》の中でも、指折りで一番に有名なのは笹《ささ》川良一《かわりょういち》である。彼は、ムッソリーニの黒シャツ隊やヒトラーの突撃隊（ＳＳ《エスエス》）の真似をして、自分の国粋大衆党の組織員たちを、２０００人も並べて黒シャツに身をつつませて銀座の大通りを、ドイツ式に片腕をななめ上に挙げて勇壮に行進させたのである。敗戦のあと、笹川良一は、今度はアメリカの手先になって世界反共《はんきょう》運動の闘士として鮮かに変身した。

戦後も長くデンマーク国民に敬愛されたスカヴェニウス首相（当時）は、訴追されることがなかった。ナチス占領時代には不承不承に協力し、デンマークの自主統治を形の上だけなんと

デンマーク映画の傑作と言うが…

デンマーク映画史上最大級の制作費がかけられ、本国で全国民の8分の1を動員する大ヒットとなった。

60数年にわたり日の目を見ることのなかった史実を、当時を知る関係者の証言を基に映画化した。

か続けた。彼は終始、にこりとも笑わなかった政治家だったそうである。この苦虫をかみつぶした「不機嫌さ」こそは、厳しい時代を生き延びる国民政治家たちの取るべき態度である。そして同時に私たちが学ぶべき知恵でもある。ペラペラしゃべる人間にロクなやつはいない。嵐が吹き荒れる時代には、何が起きようが軽挙妄動せずに「寝たふり、死んだふり」をするのも賢い生き方だ。しかしそれでもだ。アメリカ帝国が無慈悲に日本のお金（年金、郵貯・簡保　etc）を奪い取りにきている。この今という時代に、「仕方がないんだよ」とか「長いものには巻かれろ」「逆らっても勝ち目はない」の、みじめな初めから負け犬の態度でいて、いいのか、と私は日本人すべてに厳しく問いかける。

映画は、ドイツの敗戦が濃くなった1944年9月、デンマークの全警察官9000人のうち、2000人が実際にドイツの収容所に一時送られた史実も描いている。主人公の2人もどうやら本当は、現職のデンマークの公安警察官だったようだ。歴史上の事件に現れる者たちは常に複雑な相貌を持つ。

2008年度デンマーク・アカデミー賞5部門受賞

デンマークの王国公文書館は当時の資料を長く公開しなかった。語ることの許されなかったタブーとされる史実が、65年経って、目撃証言に基づきついに映画化された。監督は“Angels in Fast Motion”（2005年）のオーレ・クリスチャン・マセン。

フラメン役には『天使と悪魔』（2009年）で国際的に脚光を浴びたデンマークの若手ナンバー1俳優トゥーレ・リントハート。シトロン役には『007／カジノ・ロワイヤル』（2006年）でジェームズ・ボンドと敵対するル・シッフル役で、デンマークの国際派俳優マッツ・ミケルセンである。彼らの気迫に満ちた演技が歴史上の人物を現代に鮮烈かつ魅力的に蘇らせた。他、『ワルキューレ』のクリスチャン・ベルケル、『ミュンヘン』のハンス・ツィッシュラーなど名優が出ている。

1944年、コペンハーゲンで反ナチスの抵抗組織ホルガ・ダンスケに属する23歳のベント・ファウアスコウ＝ヴィーズ（通称フラメン、トゥーレ・リンハーツ）と、33歳のヨーン・ホーウン・スミズ（通称シトロン、マッツ・ミケルセン）を描いた。

フラメンは強固な反ファシズム主義者で、「デンマーク自由評議会（ホルガ・ダンスケ）」という抵抗組織が統合されナチスに反撃する組織に加入した。一方、繊細で家族思いのシトロンは、殺人に抵抗を感じていた。

ある日、組織の上司アクセル・ヴィンターー（ピーター・ミュウギン）から、ドイツ軍情報機関の将校2人の暗殺を命じられる。フラメンは、有能なドイツ軍大佐ギルバート（ハンス・ツィッシュラー）と対決し、違和感を覚え任務遂行をためらった。そしてもう1人のサイボルト中佐の暗殺のほうに向かう。しかし相打ちとなり重傷を負った。今まで直接人を殺したことがなかったシトロンが、ギルバートを射殺した。

ゲシュタポの報復が始まり、ホルガ・ダンスケのメンバーが次々と捕まり、拘禁、処刑された。ヴィンターはフラメンの恋人でデンマーク人諜報部員のケティ（スティーネ・スティーンゲーゼ）が密告者だと断定し、彼女の暗殺を命じる。彼女はヴィンターの運び屋でもあった。ゲシュタポのリーダーであるホフマン（クリスチャン・ベルケル）とも通じていた。

フラメンがケティを問い詰めると、彼女は思わぬ事実を打ち明けた。ヴィンターはナチスや裏切り者の暗殺に紛れ込ませ、自分にとって都合の悪い人間の殺しを2人にさせていたのだ。自分たちは無実の人を殺したのかと苦悩する2人は、上層部からの命令を拒否するようになる。フラメンは、ケティがホフマンといるところを目撃してしまった。危険な立場に追い詰められた2人は、デンマーク史上最大の大量虐殺の首謀者であるホフマンの暗殺を決意した。

1940年4月9日、デンマークはドイツ軍の占領下におかれた。占領当初は、「保護占領」の名のもとにデンマーク政府の存続が許された。その分、抵抗運動《レジスタンス》は他のドイツに占領された諸国と比べて起きなかった。

しかし、1943年になると、多くのデンマーク人が非合法新聞の発行から諜報活動、小さな破壊工作に至る幅広い地下活動に参加した。やがて43年8月、増加する破壊活動に対し、ドイツ占領当局はデンマーク政府の統治権を剝奪した。「対決」は決定的となり、破壊工作は激化した。ドイツと戦えるのかとデンマーク人の資質（ドイツ人と同じゲルマン民族）を疑っていた連合国側も、デンマークを同盟国とみなすようになる。

１９４５年4月30日ヒトラーが自殺、5月5日ドイツ軍が降伏した。終戦時、デンマークの活動家の犠牲者数は８５０人となった。彼らは活動中に、または逮捕され国内に収監中に、そしてドイツの強制収容所の中で命を落としている。そのうちの１０２人はドイツの軍法会議にかけられて処刑された。

すべての脱獄映画の原点がこれだ

『抵抗（レジスタンス）―死刑囚の手記より―』

原題：UN CONDAMNE A MORT S'EST ECHAPPE OU LE VENT SOUFFLE OU IL VEUT

製作国：フランス（1956／100分）
監督：ロベール・ブレッソン
出演：フランソワ・ルテリエ／シャルル・ル・クランシュ／モーリス・ベアブロック／ローラン・モノー

『バルタザールどこへ行く』『スリ』で知られる巨匠ロベール・ブレッソン監督の脱獄ドラマ。1943年、ドイツ占領下のフランス・リヨン。仏軍レジスタンスのフォンテーヌ中尉は、ドイツ軍に捕らえられ、モントリュック刑務所に投獄される。

拷問され、独房に入れられたフォンテーヌはどうせ処刑されると覚悟し即座に脱獄を決意した。囚人たちと情報交換をし、スプーンでつくったナイフを武器に着々と準備を進めた。仲間のオルシニが脱獄に失敗し銃殺された。実話を基にしている。

『抵抗 ―死刑囚は逃げた―』DVD 価格：4800円＋税 販売元：紀伊國屋書店

これぞフランスの脱獄劇の金字塔

フランス人という世界一誇り高い国民（フランス選民思想と呼ばれる自民族優越感情《エスノ・セントリズム》でもある）の異様なまでの冷静沈着さと、個人主義に基づく決断の強靭さを描き出している。半世紀前の古い１９５６年の作品である。

戦前・戦後のフランス映画界の伝説の監督ロベール・ブレッソンの中期の作品だ。過去の名作を現在に復活させようという「岩波ホール・セレクション」の一作である。すでにジャン・ピエール・メルヴィル監督の名作『海の沈黙』（１９４７年）が上映されて好評という。『抵抗』はそれに続く上映だ。フランス映画のヌーベルバーク運動やイタリア映画のネオリアリズム運動ともつながっている。ヨーロッパ映画を渉猟《しょうりょう》し、系統だてて鑑賞したい人には絶好の作品である。

第二次大戦中の１９４３年、ナチスドイツ占領下のフランスで、レジスタンス活動のために捕まったフランス軍中尉が、刑務所の脱獄に成功するまでの話だ。すべてが寡黙《かもく》に進行する。主人公のフォンテーヌ中尉は、リヨンのモンリュック刑務所に入れられ、死刑宣告を受けた。ドイツ人兵士を殺害した罪だ。

彼は投獄されたときから脱獄を決意し準備する。淡々とスプーンを削って刃物に変え、独房の堅い樫《かし》の木でできたドアを少しずつはがし、高い塀を２つ乗り越えて降りるための鉤《かぎ》を作る。

そして衣服とシーツを裂いて強く撚《よ》って長いロープを何本もつくる。同じ房に入ってきた16歳の少年を仲間にする。死刑執行の直前に2人は実行に移す。見張りのドイツ軍兵士を殺害し、塀を乗り越え、薄暗がりのリヨンの町に静かに歩み去っていった。表情ひとつ変えず、ひたすら黙々とやるべきことをやる。脱獄の計画が少しでも露見したら即座に銃殺刑だ。脱獄に失敗した者たちへの銃声が聞こえる。

こうした恐怖の脱獄シーンはその後、世界中の多くの映画で繰り返し描かれた。その原型《アーキタイプ》になったのがこの『抵抗』である。この『抵抗』は今に語り継がれ、フィルム・ノワールの撮影手法にもつながる。

1954年に文芸誌『フィガロ・リテレール』に掲載されたアンドレ・ドゥヴィニー少佐の体験記を忠実に再現した。撮影も実際にモンリュック刑務所で行われた。ジャン＝リュック・ゴダール監督が「これがフランス映画だ」と賞賛した。ブレッソン作品は、1960年代に日本でも上映され一部で人気を博したそうだ。

1970年代に入ると、ヨーロッパ映画は落ち目となった。アメリカのハリウッド映画産業が、騒々しいウソの多い虚構の映像で世界を制圧した。フランス映画界はこのヤンキー文化に必死で「抵抗」して、秀作を発表し続けたのだが、衆寡《しゅうか》敵せずで、2000年代まで低迷した。

そして、どうやらアメリカ映画の愚劣なる暴力と大破壊シーンと特撮宇宙ものを派手に見せる低能者向けの〝バンバン・ムービー〟Bang bang movies の時代が終わろうとしている。ヨ

ジャック・ベッケルの『穴』（1960年）と並ぶ「脱獄もの」ジャンルの最高傑作と称される

フランス人の対独レジスタンス運動の内部と全体像は、今でもまだ日本知識人世界にはっきりと伝えられていない。日本おフランス文学者たちがアホだったからだ。作品を翻訳するのでやっとだった。

ーロッパ特にフランス映画の、成熟した大人の味を出す作品の再隆盛を期待する人は多い。

監督のブレッソンは１９０１年生れだ。１９５０年に監督したベルナノス原作『田舎司祭の日記』は、50年度ルイ・デリュック賞、51年のフランス映画大賞、51年のヴェニス映画祭の国際賞、およびイタリア批評家賞などを受けた。

撮影は『わが青春のマリアンヌ』（１９５５年）のレオンス＝アンリ・ビュレル。主演のフランソワ・ルテリエは無名の当時27歳の哲学（本当は愛知学《フィロソフィ》）科の学生で、その他シャル・ル・ルクランシュ、モーリス・ベアブロック、ローラン・モノーなども著名な新聞記者、劇評家、装飾家だという。

フォンテーヌ中尉は拷問にあったあと収監される。こういうシーンも後の各国の映画で後進の監督たちに学習された

ロベルト・ロッセリーニ監督の『戦火のかなた』（Paisà、1946）の中にもこういう拷問シーンがある。優れた政治映画としてすべてをまとめたいものだ。

2000年代になってからこそ、政治映画が作られて歴史の真実がどんどん報告されるようになった

『敵こそ、我が友 ～戦犯クラウス・バルビーの3つの人生～』

原題：MON MEILLEUR ENNEMI

製作国：フランス（2007／90分）
監督：ケヴィン・マクドナルド

戦時中、ナチス親衛隊の幹部として多くのユダヤ人を収容所送りにし、"リヨンの虐殺者"の異名で恐れられた戦争犯罪人（ウォー・クリミナル）のクラウス・バルビー。

しかし、戦後も戦犯として裁かれることなく、アメリカ陸軍情報部のために対ソ連のスパイ活動を行い、長きにわたって反共工作を繰り広げた。戦犯バルビーの数奇な人生を検証し、歴史の裏側で動いた大国の悪行と欺瞞を暴き出した衝撃のドキュメンタリー。

『敵こそ、我が友　～戦犯クラウス・バルビーの3つの人生～』DVD　価格：4800円＋税　発売元：バップ

戦前と戦後がつながる　歴史を掘り当てる秀作

ナチスのゲシュタポ（ナチス親衛隊《しんえいたい》保安部ＳＤ《エスデー》、親衛隊（ＳＳ《エスエス》）の中の情報機関としても知られる）の幹部として〝リヨンの虐殺者〟と呼ばれ、フランスのレジスタンスの活動家たちをたくさん（４０００人以上）拷問にかけて殺したクラウス・バルビーの一生を描いた。バルビーの記録映像を丹念に集め、多くの関係者たちの証言で構成されたドキュメンタリー映画である。

クラウス・バルビー（Klaus Barbie　１９１３～１９９１）は、ドイツ敗戦（１９４５年5月7日降服）の後、密かに南米のボリビアへ逃れた。手引きする組織があった。ナチス幹部の南米への逃亡ルートを作り手助けしたのは、バチカン（ローマ・カソリック教会）の右翼の司教たちである。戦後は即座に「反《はん》共産主義のネットワーク」ができたので、バルビーたちはアメリカの国家情報機関であるＣＩＡ（米中央情報局）から、保護し利用すべき人材として大事に扱われた。

バルビーは、のちに回想録（自伝）を書き、自分が戦後の西ドイツ政府の「ゲーレン機関」と関係したことを自ら暴露した。日本でも、旧満州・中国で特務機関員（情報将校）だった者たちが、アメリカの重要な同盟者として、反共運動の人材として育てられ、戦後の財界人や政治家にまでなっている。

そして南米諸国で、彼ら旧ナチス軍人たち亡命者グループの暗躍があった。１９６０年代からの南米諸国には政治の嵐が吹き荒れた。左派の労働組合勢力と、極右《きょくう》軍人たちが対立し、「左翼革命と右翼クーデター」が交互に起き、各国で血で血を洗う戦闘になった。そして南米全体で軍事政権（Junta フンタ）の嵐が続いた。

ところがバルビーはユダヤ人たちに狙われた。バルビーは、ナチ・ハンター（旧ナチス幹部たちを探し出し復讐を誓うユダヤ人の活動家たち）から追跡され、フランス政府からは逮捕状が出た。バルビーは1983年に70歳で身柄を拘束されフランスに引き渡され、裁判にかけられ終身刑（ヨーロッパ諸国に死刑はない）になった。その後、1991年に78歳でフランスの刑務所で死去した。

この映画は決して糾弾する側からだけの視点で見ていない。バルビーの実の娘やアメリカの情報機関員、ボリビアの右派政治家たちの証言映像も多く出てきてバルビーを擁護しており、歴史の勉強になる秀作だ。

革命家チェ・ゲバラが1967年にボリビアの山岳地帯に出現してゲリラ戦争を始めたときに、バルビーら旧ナチス勢力がボリビアの軍事政権に関与して、ゲバラを追い詰めて捕獲し、銃殺刑にした。この史実も貴重な記録映像による「伝聞《でんぶん》証拠の合わせ技一本」で明らかにしている。アルゼンチン人のゲバラが、キューバで演説する映像と、後に射殺体となって横たわっている映像に私たちは眼を見張る。

戦前と戦後はつながっている。そして、私たちの現在にまでつながっている。

映画産業界は全般的な苦境の中にある。だがこのようにして海外で作られる優れたドキュメンタリー映画によって、日本人も世界水準の知識に何かと追いつくことができる。探り出し、掘り当てられた世界史の真実を知ることができる。

配給会社の資料を使って再度詳しく見る。

監督は『ラストキング・オブ・スコットランド』（２００６年。ウガンダの独裁者のアミンを描いた）のケヴィン・マクドナルド。トロント国際映画祭、サン・セバスチャン国際映画祭の正式出品作品。

クラウス・バルビーは、１９８７年にフランスで「人道に対する罪」で終身刑を宣告された。この男は３つの人生を生きた。１つ目は、「リヨンの虐殺者」と言われたゲシュタポとしての人生。彼は22歳でナチス親衛隊に入隊。そして１９４２年11月ドイツ占領下のフランスの南のリヨンで、政治犯を取り締まる親衛隊保安部第４課（いわゆるゲシュタポ）の責任者になった。１９４３年６月21日、全国抵抗評議会（フランス・レジスタンス運動）の創設者であるジャン・ムーランを逮捕。そして殺した。１９４４年の晩夏に、早々とドイツの敗戦を見越してリヨンからドイツに逃げ帰り家族と合流した。

２つ目は、敗戦後、アメリカ陸軍情報部隊（ＣＩＣ）のスパイ活動のエージェントになる。１９４７年、バルビーはＣＩＣに入隊し、反共産主義運動専門の工作員としてアメリカ政府の庇護を受ける。1948年に、フランス政府から事情聴取を受けた。フランス政府は、CICに対してバルビーの身柄の受け渡しを要求し続けた。困ったCICはバルビーを南米に亡命させた。このとき重要な役割を果たしたのは、バチカン右派で、クロアチアでの戦争犯罪人でもあるドラガノヴィッチ神父たちだ。1951年3月、バルビーと家族は、イタリアのジェノヴァからボリビアに向けて出発した。

そしてボリビアに到着したバルビーは、クラウス・アルトマンと名乗り、3つ目の人生を生きた。彼は製材所を営みながら、ボリビアの有力者たちと密接な関係にある、同じく亡命してきた在ボリビア元ドイツ人将校たちと交流した。武器や麻薬の輸出入にも手を染め、左翼ゲリラに対抗する手法を伝授して、ボリビアの軍事政権を陰で支えた。

2014年の今でも検察官カルラは闘っている。腐ったヨーロッパの良心と正義を守る

『カルラのリスト』

原題：CARLA'S LIST

製作国：スイス（2006／95分）
監督：マルセル・シュプバッハ
出演：カルラ・デル・ポンテ

1991年6月に旧ユーゴスラビアで始まった大規模な民族間の紛争は数万人の犠牲者を出した。ソビエト・ロシアの崩壊に伴なうユーゴスラビア連邦の解体がそれまでの民族間の憎悪を表面化させた。その過程で重大な国際人権法違反が繰り返された。この戦争犯罪（ウォー・クライム）の責任者を裁く目的で、国連によって「旧ユーゴ国際刑事法廷」（ICTY）が設立された。

このICTYで国際検察官として働くカルラ・デルポンテ女史を描く。500万ドルの賞金が賭けられて逃亡を続けた各民族の指導者たちを戦争犯罪人として追跡して、各国首脳と緊迫の交渉を繰り返す。このスイス人女性を追いかけることでハーグの国際刑事裁判所の舞台裏を克明にとらえた作品。

女性検察官が体現する「戦争を法で裁く」という理念

オランダのハーグに「国際刑事《けいじ》裁判所」（ＩＣＣ）がある。このＩＣＣ（International《インターナショナル》 Crminal《クリミナル》 Court《コート》）は、民族間紛争や国家間《かん》戦争の最中の、戦争犯罪を起訴して処罰する裁判所である。ハーグには国際司法裁判所ＩＣＪ《アイシージェイ》（International《インターナショナル》 Court《コート》 of《オブ》 Justice《ジャスティス》）もある。こっちは日本と中国の領土紛争である尖閣諸島問題のような国家間の事件（紛争）を裁判する。このＩＣＣができたのは２００２年であり新しい国際機関である。国際司法裁判所のほうは１９４６年にできて歴史は古い。

この映画は、ニューヨークにある国連の（The U.N.《ザ・ユーエヌ》 本当は「連合諸国」と訳すべきだ。✖《バツ》国際連合は誤訳）の安保理《あんぽり》（安全保障理事会《ザ・ユーエヌ・セキュリティ・カウンシル》）が設置した「旧ユーゴスラビア国際刑事法廷《コート》」で、１９９５年７月に起きた「ボスニアのスブレニツァで起きた６０００人のイスラム教徒住民虐殺」を裁くための国連検察官カルラ・デルポンテの活動を追いかけるドキュメンタリーである。

カルラは、スイス国のイタリア語圏のルガノで生まれた。法律家になりイタリアのマフィアの隠し口座を調査して摘発した実績を持つ。マフィア組織と闘って１９８８年に爆殺されたイタリアのファルコーネ判事と一緒に仕事をしていて、彼女も命を落としかけた。

そのカルラが、ボスニアのセルビア人勢力の軍事責任者だったカラジッチとムラディッチら10人の戦争犯罪者《ウォー・クリミナル》を裁判にかけるために、旧ユーゴ各国の首相たちと精力的に交渉する様子が

セルビアやボスニアで、キリスト教徒白人とイスラム教徒系の白人が共存する姿が本当の今のヨーロッパなのだろう

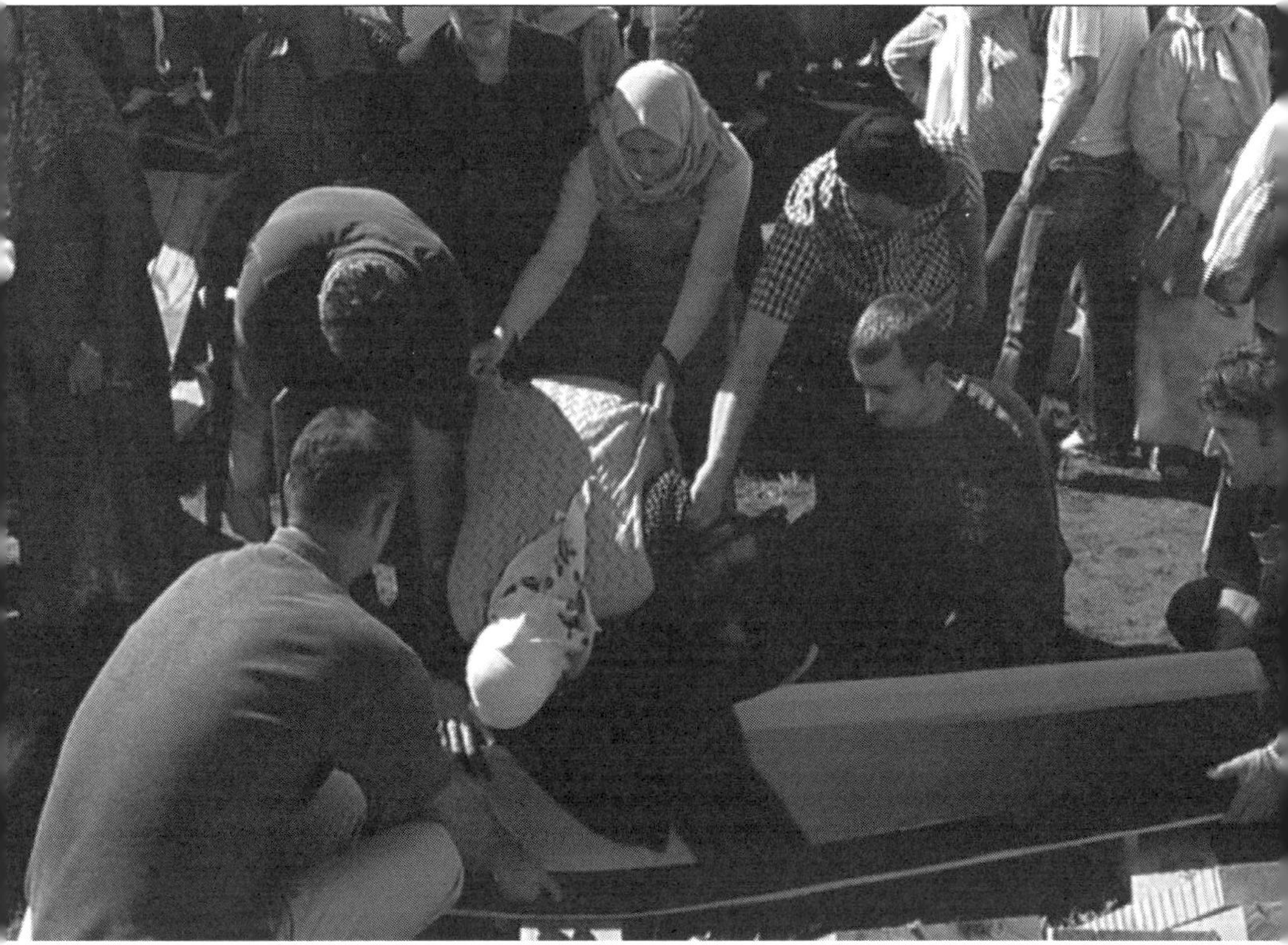

ボスニアでは、虐殺された人々の遺体は証拠隠滅のため、移動、再投棄され、集団墓地に埋められた。遺体の大多数の身元は判明しなかった。

この映画に描かれている。人種対立や国家間紛争の中の虐殺事件を、法《ラー》と正義《ジャスティス》による裁きで実現しようとするヨーロッパ人の努力の表れである。

彼女は自分のスタッフと、スイス政府が特別に提供する小型軍用機を駆使して、いろいろな国の当事者と会って話す。ニューヨークに飛んで国連安保理に出席して率直な報告もする。その前日に訪れたワシントンの米国務省では、コンドリーザ・ライス米国務長官との会談（これは犯罪の捜査《インヴェスティゲーション》である）を断られたりする。各国の秘密警察や国家諜報機関との連携や、対立も背後には複雑にあるだろう。しかしそういう泥くさい場面は一切映さず、感情的になることもなく、極めてハイブラウな現代ヨーロッパ人たちの颯爽とした姿として捉えられている。

カルラが就任してすぐの2001年6月に、彼女はセルビア大統領だったミロシェビッチの逮捕という快挙を成し遂げた。しかし、ミロシェビッチはこのあと2006年ハーグの拘置所で判決も出ないまま不可解に死去した。カラジッチとムラディッチの2人の大物も逮捕されることなく、カルラは2007年の9月で任務を解かれた。

ヨーロッパ人たちは民族紛争、国家間の争いを、オランダ人法学者のグロチウスの「平和と戦争の法」という、近代国際法《インターナショナル・ラー》の理念で裁こうとする。しかしその努力は、次々と紛争と戦争が新たに起こる、この地球の現状に向き合うと、いささか虚しい。だが、人類は「紛争は正義の法廷《コート・オブ・ジャスティス》で裁かれなければならない」という道を歩いてゆくしかない。

アメリカ、ロシア、中国の3つの大国がいまだに参加しないこのＩＣＣに、日本が

２００７年10月、ようやく加盟したのは、まことに慶賀すべきことと思う。

２００７年10月1日に、日本国が国際刑事裁判所（ＩＣＣ）に加入するタイミングでこの映画の日本での公開が緊急決定されたそうだ。監督は『レ・ゾム・ドゥ・タネル』（２００４年）のほか『シャッカン・プル・ロートル』（１９９４年　国際赤十字を描いたドキュメンタリー）などのドキュメンタリーで知られるマルセル・シュプバッハである。

２０１３年のシリアでのサリン・ガス撒き事件の真実

つい最近、２０１３年になってこのカルラ・デルポンテ女史の名が、再び国際紛争の場で出てきた。私は驚いた。このことを報告しよう。

２０１３年4月、シリアの首都ダマスカスの郊外で、サリン兵器が撒かれた。それで１３００人もの現地のシリア人が死んだ。

その犯人は、シリア政府（バシャール・アサド政権）だ、とされた。しかし、真実は、そうではなかった。このサリン・ガス兵器を撒《ま》いた真犯人は、シリアの反政府勢力のほうだった。その背後には、イスラエルとサウジアラビア（バンダル王子《プリンス》というサウジの内務省警察のトップ。サウジの謀略人間の親玉。最近、辞任して後ろに引っ込んだ）がいた。

真犯人たちはなんとか、アメリカのオバマ政権を騙して、シリア政府（バシャール・アサド政権）に対するアメリカ軍による爆撃と軍事侵攻をさせようと画策したのだ。真相を記事で伝えよう。

「シリアのアサド政権、サリン使用なら国際法上の一線越える＝米大統領」

2013年4月26日　ワシントン、ロイター

オバマ米大統領は4月26日、シリアのアサド政権がサリンとみられる化学兵器を使用した可能性があるとの分析結果が報告されたことについて、「国際基準、および国際法上の一線を越えるもの」とし、「これにより今後の 展開が大きく変化する可能性がある」との見方を示した。

オバマ大統領はホワイトハウスで記者団に対し、「大量破壊兵器（マス・デストラクション・ウェポン）を一般市民に対して使用することは、国際基準、および国際法上の一線を越えるものだ」と懸念を表明した。その上で「これにより今後の展開は大きく変わる」とし、「組織的に化学兵器などを一般市民に対して使用することは容認できないと誰もが認識していると思う」と述べた。

オバマは真実を知ったので、現地からの虚偽の報告を見破った。

この4月の「サリン撒き」のあと、さらに続けて、8月21日に、The《ザ・》 U.N.《ユーエヌ》（連合諸国、×「国連」）の調査団が現地に入っていた。その最中《さなか》に、2回目の今度は、サリン砲弾《ほうだん》を炸裂させる

形で、サリン・ガスが撒かれた。何百人もの住民が苦しみながら死んだ。

このサウジとイスラエルの政治謀略に対して、この映画の主人公であるカルラ・デルポンテが重要な証言者として登場した。

彼女は、オランダのハーグの国際刑事《けいじ》裁判所の検察官を2007年末で辞めたあと、現在、2011年から国連人権委員会の「シリア問題に関する調査官」(Member of Independent International Commission of Inquiry on the Syrian Arab Republic)の職についていた。

彼女はこのとき、スイスのラジオで重大な証言をした。記事を引用する。

「サリンを使ったのはシリアだ反体制派だ」 Syrian Rebels Used Sarin Gas
『ニューズウイーク』日本版　2013年5月7日

シリア内戦で猛毒ガスを使用したのはアサド政権ではなかった。

アサド政権と反体制派の攻防が続くシリア内戦で、シリア政府軍が反政府軍に対して猛毒ガスのサリンを使用したと疑われてきた。イギリス、フランス、イスラエル、アメリカ政府は先月、相次いでそのように警告した。

だが、アサド政権の暴走だと決めつけるのは早計だ。シリア問題に関する国連の人権調査委員会のカルラ・デルポンテ調査官は5月5日、「サリンを使用したのは反体制派だった可能性が高い」、とスイスのラジオ局のインタビューで明かした。

「さらに調査を続け、検証・確認を重ねる必要があるが、現時点で得た情報によれば、サリン・ガスを使用したのは反体制派だ」
反体制派への武器供与を検討している米政府は、デルポンテの発言について「非常に疑わしい」と反論し、アサド政権によるサリン使用の可能性を示唆。デルポンテも調査は始まったばかりで、今後アサド政権側のサリン使用を示す証拠が見つかる可能性もあるとも指摘。調査委員会は6月に、国連人権委員会に報告書を提出する予定だ。（中略）
オバマ政権は、シリア政府による化学兵器の使用が確認されれば、軍事介入に踏み切る可能性があると示唆してきた。サリンを使用したのは誰か。その答えによって、シリアの運命は大きく変わる。

（傍点、引用者）

ネット上の動画で、シリアの子供たちがたくさん苦しみながら死んでゆく姿が映った。今もこの映像は残っている。これも、オバマにシリア政府攻撃をさせるためのマニューバー（謀略）の悪《わる》足《あ》掻《が》きだった。
しかしバラク・オバマ本人は、真実の報告を受けてシリア政府への軍事攻撃をしないことを2013年9月に最終判断した。正しい判断だった。オバマは真実を知ったので、騙されなかった。
このシリアの内戦の最中《さなか》における昨年の2回のサリン・ガス兵器でのシリア民衆への殺傷事

件の責任追及は、きっと、今も、このカルラ・デルポンテ女史とそのまわりの、真実と世界の正義を守ろうとする人々によって続けられているのだろう。

私は、カルラ・デルポンテの生き方に最大限の敬意を表し、彼女の無事を祈る。

今の今でも、シリアで、サリン・ガスを撒いたのは、アサド政権のシリア政府だ、と信じている人々が世界中のほとんどだ。日本人は、遠いところでの戦争の一コマであるから、誰も関心を持たない。皆、自分の目先の生活のことで手一杯だ。

私、副島隆彦は、たまたま日本に生まれた世界基準《ワールド・ヴァリューズ》の知識人だから、そういうわけにはいかない。

ものごとの真実を追求するには、秀れた見識だけではなく、時間の経過とともに剝《は》がれ落ちてきて新たに見えてくるものを摑《つか》み取る忍耐力も必要だ。

ロシアの国民的女流歌手の堂々たる風格。戦場の男たちを圧倒する

『チェチェンへ　アレクサンドラの旅』

原題：ALEKSANDRA

製作国：ロシア／フランス（2007／92分）
監督：アレクサンドル・ソクーロフ
出演：ガリーナ・ヴィシネフスカヤ／ヴァシリー・シェフツォフ／ライサ・ギチャエワ

『太陽』（昭和天皇の実像を描いた秀作）や『牡牛座　レーニンの肖像』で名高いアレクサンドル・ソクーロフ監督が、実際のチェチェン最前線で撮影した重厚な人間ドラマ。ロシアが誇る世界的オペラ歌手ガリーナ・ヴィシネフスカヤが、映画初出演ながら主演のアレクサンドラを好演している。

愛する孫の顔見たさに最前線までやって来た老女の姿を通して、戦争が普通の人々の人生にもたらす苦しみを静かに描き出す。

『チェチェンへ　アレクサンドラの旅』DVD　価格：4800円＋税　販売元：紀伊國屋書店

反戦平和は簡単には描けない。人間の愚かさを嘆き、希望を示す

　ロシアの映画界を代表する鬼才アレクサンドル・ソクーロフ監督の作品ならば、観ないわけにはゆくまい。

　チェチェン共和国はロシア（プーチン政権）が、チェチェン人の反抗を鎮圧しつくした所だ。ロシア南部のカフカス地方と呼ばれる地帯《リージョン》だ。中央アジア5カ国（カザフスタンなど、カスピ海の東側）とはちがう、カスピ海の西側で黒海《ブラック・シー》とに挟まれた地帯《リージョン》だ。

　戦場になっているチェチェン共和国（Chechenia　チェチェン人たちの国。しかし独立国＝主権国家《ソブリーンティ・ステイト》ではなく今もロシアの一部）を、ソクーロフはどのように描いたか。

　まさか、ロシア政府協賛の戦意高揚映画を撮るわけにもゆくまい。アメリカ・ハリウッド映画によくある米国防総省・米空軍の全面応援の軍事バカ映画（例えばトム・クルーズ主演『トップガン』（１９８６年）のようにはゆかない。本物の世界基準の知識人というのは、易々《やすやす》とは国家政府に騙されない。それでも、ロシア政府からの暗黙の強要は確かに背後にある。

　チェチェンの戦争（紛争）は2回ある。１９９４年〜96年の１回目で、10万人のチェチェン人が死んだ。チェチェン人の壮絶な抵抗で「ハサブユルトの和平協定」が結ばれた。２００１年末までは実質的な独立の道が開かれていた。

　ところが、この和平（停戦協定《ピースアグリーメント》）はロシアにとって屈辱的だった。だから、１９９９年から

の2回目のチェチェン紛争が起きた。この2回目の1999年からの紛争は、奇しくも（おそらく計画的に）登場したウラジミール・プーチン（彼は1999年12月31日に呑んだくれのエリツィンから権力を奪い取った）によって苛断に実行された。チェチェン人たちはロシア帝国への無謀な反逆者として9月23日から開始された空爆で全滅させられた。

マスハドフ司令官（大統領でもあった）派の悲惨な愛国的な戦いは、世界中で知られた。マスハドフ派（独立派）は全員玉砕した。戦場カメラマンの加藤健二郎氏（私の友人。1961年生まれ）が、チェチェンの現地の最前線でまだ生きていたマスハドフ氏らを撮った写真がある。

今のチェチェン共和国の大統領のラムザン・カディロフはワルいやつで、ロシアの言いなりになる。彼の父親も大統領をやっていて独立派に爆殺されたという過去がある。世界中の人々は、チェチェン共和国をこれ以上虐《いじ》めないで国家としてロシアから独立させてやればいいのにと思った。だが、現実の世界はそうは簡単にはゆかない。根深い裏側の真実がもっといろいろある。

ソクーロフの立場からも単純な反戦平和映画を撮れるはずがない。

ソクーロフは、世界的なチェリストでアメリカ亡命生活が長かったロストロポーヴィチ（2007年死去）の妻である有名なオペラ歌手のガリーナ・ヴィシネフスカヤをこの映画の主役の老女役に立てた。そしてチェチェンの戦場を歩き回らせた。彼女はブツブツ言いながらロシアの戦車部隊の駐屯地の中を動き回る。大尉になっていた自分の27歳の孫に会いにきた（慰

『35ミリ最前線を行く』（加藤健二郎著、光人社、1997年刊）から

この写真はニカラグアのサンディニスタ・ゲリラたちの新兵訓練に参加した加藤健二郎氏。1988年5月。

マスハドフ派（独立派）の司令官でグローズヌイ戦線の隊長シャミール・バサエフ隊長と食事する加藤健二郎氏。1995年2月。このあとバサエフ隊も全滅した。

問だ)、ひとりの気丈で悠然とした老女として、基地の中や、近くのチェチェン人の町や市場など挨だらけの殺伐とした現地を歩き回らせた。

ロシアには、戦場まで兵士の家族が慰問し面会しに行く制度があるらしい。きっと歴史的なものだ。シベリアの流刑囚の収容所まで家族がずっと横をついていった話はドストエフスキーの小説でも自然場景だ。トルストイの『復活《レザーレクション》』でも恋人が政治囚についていった。

職業軍人である自分の孫や、その上官に向かって老女は問いかける。「殺すことと破壊することばかりで、建設することを(あなたたちは)いつ学ぶの?」と。ブツブツ言いながら戦車や装甲車の列中や兵舎(バラック)の中の兵士たちの様子をじっと観察する。平和な国で生きている私たち日本人だって、ほぼ決められた毎日を生きる他に、一体何をしているのか。

やはりロシア政府全面協力で作られた「戦闘シーンのまったくない」戦争映画だ。だが、日本の若者たちをアメリカの2003年3月からのイラク侵略戦争に賛同させ煽動しようとして時機を上手に選んで作った『ラスト・サムライ』(トム・クルーズ主演、2003年)や日本製の『亡国のイージス(艦)』(2005年)のようなあざとい悪どさはない。

戦場のロシア兵の若者たちは、皆やせこけて精悍そうだ。私たちがイメージするロシア兵の、でっぷり太った感じの兵士がまったく出てこないのが不思議だった。あれは全員俳優やエキストラたちなのか。この点はキレイごとだからよくない。

ロシアのような長年、国家から監視されてきた国の知識人と芸術家たちの人生の構えは、鈍

実際のチェチェン最前線でオールロケで撮影された。主演のガリーナ・ヴィシネフスカヤは80歳（当時）の世界的なオペラ歌手である

チェチェン人のロシアからの激しい独立運動は今も続いている。今のウラジミール・プーチン大統領はチェチェンを征圧し鎮圧するロシア政治の中から登場した人物だ。1999年12月31日にエリツィンから権力を奪った。ただしKGB《ケージービー》あがりのプーチンはズバ抜けた頭脳をしている政治家だ。

重とも言えるほどのゆったりとした物腰である。幾重にも思考の襞を塗り固めた重厚さがある。

そして最後には、彼ら特権的に保護され隔離されているごく少数の天才級のロシア知識人や芸術家たち（全部で２００人ぐらいらしい）は、自国の政府や体制の愚かさに詰め寄って非難することをしない。それよりも人間（人類）という我ら愚かなる生物への呪詛と嘆き、そして、そのあとに湧き起こるべき未来への微かな希望を語る。

現代ロシアが世界に誇る監督が描く戦場の最前線

昭和天皇ヒロヒトを本当に、びっくりするほどの実像で描いた『太陽《サン》』（２００５年）はすばらしい映画だ。主演の天皇役のイッセー尾形がお笑い演劇人としての最高の技を見せた。良子《ながこ》皇后との仲むつまじい様子や、敗戦後に、外国記者団に、一瞬、チャーリー・チャップリンの仕草をして見せた天皇の実話が描かれている。皇居の中の吹上御所《ふきあげごしょ》の真実の様子を、私たち日本人はこの映画で初めて知ることができた。この『太陽』で話題を呼んだアレクサンドル・ソクーロフ監督はやはり現代ロシア最高の映画監督だ。まだ若い（１９５１年生まれ）。

この作品は荒廃したチェチェン共和国のロシア軍の実在した駐屯地でロケを行い、出演者も素人を多数起用して製作された。

チェチェン共和国の首都はグロズヌイだ。郊外の荒涼とした大地にテントが並ぶロシア軍の駐屯地。立ち込める熱気と埃の中を兵士が行き交うこの地を、２年前に夫を亡くし、こことの国境近くのスタブロポリーで一人暮らしをしていた80歳のアレクサンドラ（ガリーネ・ヴィシネフスカヤ）が、将校である孫のデニス（ヴァシーリー・シェフツォフ）に会いにきた。

7年ぶりに再会したデニスは、汚れた軍服を身に纏《まと》い、シャワーもろくに浴びていない様子だ。少し前までは出征した息子たちのことを心配して訪れていた母親たちも、近頃はめったに姿を見せなくなった。

孫の将来を心配するアレクサンドラに、部隊長は「職業軍人としてしっかり稼いでいるのだから心配ない」と諭す。「殺すことが仕事の人間に他に何ができるのか」と彼女は問いかける。駐屯地の外に出かけたアレクサンドラは、市場でロシア語が上手なチェチェン人女性マリカ（ライサ・ギチャエワ）と出会う。アレクサンドラは暑さと疲労で具合を悪くしてしまう。マリカの自宅に運ばれたが、そこは戦闘で半壊したアパートだった。マリカは言う。「男同士は敵になるかもしれない。でも私たちは初めから姉妹よ」。長引く戦争にくたびれたマリカの隣人は、アレクサンドラにチェチェンを自由にしてほしいと訴える。

駐屯地に戻ると、アレクサンドラはロシア軍が住民から嫌われていることをデニスに告げる。デニスたちもそのことを知っている。兵士たちは疑問を感じながらも任務に従事していた。翌朝、任務の命令を受けたデニスは、祖母のアレクサンドラに別れを告げて駐屯地を出発した。彼の残した帽子を手にして、アレクサンドラも、マリカに別れを告げに町の市場へ向かった。

ソクーロフ監督はこの長編16作目のために自分で脚本を書いた。ガリーナ・ヴィシネフスカヤを主役に撮るという長年の夢を実現させた。監督のさまざまな時期につながる糸が本作では絡み合っている。三部作の（『モレク神』（惨酷なスターリンを描いた。１９９９年）、『牡牛座レーニンの肖像』（２００１年）、『太陽』は是非、観るべきだ。他に『マザー、サン』（１９９７年）『ファーザー、サン』（２００３年）など家族や人間関係をテーマとした作品がある。

本作『チェチェンへ　アレクサンドラの旅』はロシア連邦文化映画局とフランス国立映画センターの後援を受けて完成した。２００７年カンヌ国際映画祭に正式出品されパルムドール大賞の有力候補となった。ロシア国内、アメリカやヨーロッパで公開され高い評価を受けた。

第5章

フランスという文化

パリとフランス農村部の関係が分かった

『隠された記憶』

原題：CACHE（HIDDEN）

製作国：フランス／オーストリア／ドイツ／イタリア（2005／119分）
監督：ミヒャエル・ハネケ
出演：ダニエル・オートゥイユ／ジュリエット・ビノシュ／モーリス・ベニシュー／アニー・ジラルド／ベルナール・ル・コク

『ファニーゲーム』『ピアニスト』を作ったミヒャエル・ハネケ監督の衝撃のサスペンス映画。テレビ局の人気キャスターであるジョルジュは美しい妻アンと一人息子のピエロと幸せな日々を送っていた。

ある日、彼のもとに送り主不明のビデオテープが届く。そこにはジョルジュの家を正面から隠し撮りした映像が映っていた。その後もテープは何度も届き、届くたびに家族のよりプライベートな内容へとエスカレートしていく。一体誰が。

『隠された記憶』DVD　価格：3800円＋税　販売元：オデッサ・エンタテインメント

ヨーロッパが抱える「グローバリズムの罪」がサスペンス仕立てで浮かび上がる

ヨーロッパこそは、グローバリズム（globalism。今のアメリカによる地球＝世界支配主義のこと）の問題を深刻に背負った世界だ。このことを改めて考えさせられる映画だ。少しも政治映画ではないのに、背景に複雑な人種問題が横たわっている。

フランスの大手テレビ局の人気キャスターであるジョルジュ（ダニエル・オートゥイユ）は、出版社に勤める妻アン（ジュリエット・ビノシュ）、そして一人息子のピエロと共に、パリの中流クラスの快適な生活を送っていた。そこにストーカーからビデオが送られてきて、サスペンス・スリラーものの筋立てになってゆく。

ジョルジュが6歳のときに、自分の生家にいたアルジェリア人の使用人夫婦が政治事件の犠牲になり収監された。残された自分と同年齢の子マジッドがジョルジュと共に暮らすことになった。その子もやがて施設（孤児院）に入れられた。ストーカーから次々と送りつけられるビデオがそのころの自分の記憶をよみがえらせる。

恐怖とお互いへの不信感から、家族に亀裂が生じ始める。ジョルジュは心の奥底に封印したはずの、遠い日の記憶を呼び覚ます。それは、同居していた孤児マジッドとの思い出だった。マジッドに理由のない嫌悪を感じたジョルジュは、嘘をついて彼を孤児院（施設）へ追いやったのだった。

不意に息子のピエロがいなくなった。取り乱す妻のアンはジョルジュをなじり、夫婦の仲は険悪になる。翌日、ピエロは帰宅した。母親の浮気を疑っていた息子は、わざと無断外泊して両親に心配させようとしたのだ。

マジッドが嫌がらせの犯人だと確信したジョルジュは、ビデオの画像を手がかりに彼の現住所を突き止め、詰問する。ジョルジュは身に覚えがないと言うマジッドを叱りつける。数日後、マジッドがやって来てジョルジュの目の前で拳銃自殺をした。

すっきりとした解決は何も用意されていない。よく計算されているのだが、いやな映画だなと観た者は思ってしまう。そこまでもが計算のうちだ。

ヨーロッパ人の精神は、現在はこういう病的な魂の描写として描かれるものらしい。オーストリア人の監督ミヒャエル・ハネケ（『ピアニスト』他）は、「ヨーロッパ人の抑圧された精神」を描かせたら第一人者らしい。今のヨーロッパでゴダールやトリュフォーの後を継いでいるのはこのハネケ監督だとわかった。

グローバリズム（力による地球支配の思想）は何もアメリカの専売特許ではない。ヨーロッパもまた不法移民問題とアラブ人イスラム教徒との人種問題をひきずって、深刻に抱え持っている。貧しい学生や移民の若者たちの就職困難から起きる大規模デモに、昨今のヨーロッパは

フランス人というのは今でも田舎に帰ったら家の中庭で、自分で豚や牛を一頭丸々さばいてしまえる人々である。フランス人は古代フランク族（ゲルマン民族）の遊牧民の魂を今も持っている。この点ではドイツ人も同じだ。ただし豊かな小麦地帯をフランスと言い、瘦《や》せた土地をドイツという

少年が鳥の首を切り落とすこの写真の意がこの映画を成り立たせている。

揺れている。きれい事を言える人間はもういない。限界にまできつつある。

移民排斥を訴える極右勢力がヨーロッパ各国でものすごい勢いで支持を集めている。フランスには国民戦線《フロン・ナショナール》を率いるマリーヌ・ルペン女史がいる。このままゆけば保守派の大衆までも彼女が取り込むだろう。

妻のアンを演じたジュリエット・ビノシュはアメリカ映画にも出るフランス女優である。私はビノシュが出る映画はほとんど観てきた。若いころは本当に初々《ういうい》しかった。

壮大なサハラ砂漠の映像を背景に、戦争で病んだ精神からの回復を演じた『イングッリシュ・ペイシェント（イギリス人の患者）』"The English Patient"（1996年）のジュリエット・ビノシュがいい。

すっかり中年のフランス女性となってこの映画で帰ってきた。神経質になって脅えてしまう男たちを尻目に、女たちの生活実感がかろうじて家庭の平和を支えている。女優はいつまでもファッションモデルのようにガリガリに痩せている必要はない。

この映画は第58回カンヌ国際映画祭で監督賞を含む3部門を受賞した。

フランス人は都市の郊外や、田舎の農村地帯に自分の出自《しゅつじ》を持っている。フランスは今でも農民が半数いる。農業者たちの豊かな国だ。都市で暮らすフランス人も、田舎に帰れば、農家の庭で豚や牛を自分で吊るして屠殺してハムにする技術を今も持っている。

　この映画の最後のどんでん返しの鍵は息子のピエロが握っていた。ピエロが自分の両親を恐怖のどん底に陥れたビデオテープを送りつけていたのだ。まさにジャン・コクトーが描いた『恐るべき子供たち』（１９７６年、ジャン＝ピエール・メルヴィル監督　Les Enfants Terribles《レザンファン・テリーブル》）の再来だった。

ハリウッド(ヤンキー)が大嫌いのフランス右翼・愛国女優のふてぶてしいまでの貫禄

『隠された日記 母たち、娘たち』

原題：MERES ET FILLES（HIDDEN DIARY）

製作国：フランス／カナダ（2009／104分）
監督：ジュリー・ロペス=クルヴァル
出演：カトリーヌ・ドヌーヴ／マリナ・ハンズ／マリ=ジョゼ・クローズ／ミシェル・デュショーソワ／ジャン=フィリップ・エコフェ

『海のほとり』でカンヌ映画祭カメラドール(新人監督賞)を受賞したフランスの若手女性監督が、カトリーヌ・ドヌーヴら豪華女優陣を迎えて描く家族ドラマ。祖母、母、娘三代にわたる女性たちそれぞれの悩みや互いの愛憎を、祖母の失踪の真相というミステリー要素を盛り込みつつ繊細に綴る。

恋人ではない男の子供を妊娠したキャリアウーマンのオドレイは、母親になることに不安を抱き、産むべきか否か迷っていた。女医をやっている母の元に久々に帰省した。オドレイは祖父が暮らしていた海辺の家で1冊の日記を見つけた。それは、50年前に家族を残して失踪した祖母のものだった。

『隠された日記　～母たち、娘たち～』DVD　価格：3800円＋税　販売元：JSDSS（ジーダス）

監督の感受性とドヌーヴの存在感に驚嘆

高度に洗練されたフランス映画を久しぶりに観た。

カトリーヌ・ドヌーヴが主演、というよりも3人のフランス女優が祖母、母、娘を演じて、彼女は脇役の母役なのに、あの堂々たる貫禄である。やはり主役になってしまう。ドヌーヴは、いつもながら言葉の数が少なく、つんと澄まして何だかわけのわからない難しそうな仕草をする。初期の1960年代の『悪徳の栄え』（1963年）や、『シェルブールの雨傘』（1964年）、『ロシュフォールの恋人たち』（1967年）、『幸せはパリで』（1969年）のころの、しなやかな美女ではもはやない。堂々たる老女の役である。立派なものだ。

娘オドレイ（マリナ・ハンズ）が久しぶりに北フランスの海辺の実家に帰ってきて、祖父母の住んだ家の方に滞在する。母（ドヌーヴ）は冷たい。美しかった祖母（マリ・ジョセ＝クローズ）は、企業家の夫から、理想の妻となるべくお仕着せられ閉じ込められた。家庭の牢獄がたまらず、遠い昔に家出した女だった。しかし真相は最後に明らかになる。当然、画面には回想シーンで最近死去したばかりの祖父と、温和な父そしてオドレイの恋人が登場する。

台所の引き出しの奥から偶然見つかった祖母の日記から、祖父と祖母の日々がわかる。母からの長年の自分への冷たさの秘密も解けてゆく。夫婦の関係の微妙さを描くだけでなく、人間関係というものの難しさを、これほど精密に描けるものか。脚本から構想して、すべてを自分の手で作り上げた若い女流監督ジュリー・ロペス＝クルヴァルの繊細さの勝利である。

男女の、夫婦のあいだの、いさかいと感情の対立。口論と、相手がどうしても自分の思うようにならないところからくる苛立ち。男と女という、互いにどうしようもない生物の永遠に和解し合うことのない軋轢《あつれき》を描いている。そしてそれを通り越して、人間という、この抑えがたいわがままな生き物の、我執と異常心理を、フランス人は、今もずっと見つめながら生きている。

フランス人の、あの、他のすべての国民、民族を見下《くだ》すように見下《お》ろす優越思想《セントリズム》（「フランス中華思想」ともいう）の謎は深い。フランス人は今もヨーロッパそして世界に君臨する国民である。主観的には、と言うべきか。容赦を知らない苛酷さ、というべきか。その高慢と倨傲《こごう》を、体全体で表わし生涯にわたって押し通すカトリーヌ・ドヌーヴという女優を称賛せずにはおれない。ここにフランス・ドゴール主義者《ゴーリスト》のゴールガリア人魂でもある右翼的保守の根性を見る。これがヤンキー・アメリカ文化の軽薄さをせせら笑って生きてきたフランス映画界の真髄である。やせても枯れても、さすがフランスである。

1970年代以降は、ヨーロッパが経済的に色褪せ、政治力でも追いつめられ、フランス人俳優といってもハリウッドにまで出稼ぎに行ってようやく世界スターになるしかなくなったことへの激しい抵抗の意志を彼女とアラン・ドロンはこの40年間貫いた。見事である。

フランス女の凄みがわかる

娘は台所のひき出しの奥から、祖母が失踪する日まで付けていた日記帳を見つける。

美しかった母の母（祖母のルイーズ）は理想の妻として閉じ込められた家庭の中でうつろに生きた。

他は『潜水服は蝶の夢を見る』（2007年）のマリ＝ジョゼ・クローズ、『レディ・チャタレー』（2006年）のマリナ・ハンズ。監督は、『海のほとり』（2002年）のジュリー・ロペス＝クルヴァルである。

カナダで働いているオドレイ（マリナ・ハンズ）は、フランスの片田舎・アルカションに帰省する。カナダでは第一線で働いてキャリアを積み、恋も自由に楽しんでいた。しかし、恋人でもない男の子供を妊娠してしまう。自分は結婚には向いていないし、母親になることも不安で、何より仕事を犠牲にしたくない。オドレイは出産するか悩んでいた。

母マルティーヌ（カトリーヌ・ドヌーヴ）は、実家に併設している医院で医師として忙しそうに働き、父は優しくオドレイを迎えた。オドレイは妊娠していることを打ち明けずに、両親との再会を楽しむはずだったが、どうしてもぎこちなくなってしまう。母親は気づいただろう。翌日、オドレイは海辺の一軒の白い家に気づく。それは亡き祖父の家で、今は誰も住んでいなかった。オドレイは患者の出入りの多い実家ではなく、祖父の家に滞在することに決めた。

ある日、オドレイは祖父の家のキッチンの奥に、1冊の古い日記を見つける。それは、50年前、突然姿を消した祖母ルイーズ（マリ・ジョゼ＝クローズ）が書いたものだった。そこには家族のために作った料理のレシピとともに、子供たちへの深い愛と、ルイーズの秘めた想いが書かれていた。

マルティーヌの話では祖母ルイーズはある日突然彼女と弟のミシェル（ミシェル・デュショ

ーソワ）を置いて出て行った。しかし、ルイーズはとてもそんなことをする女性には見えない。祖父は自分の妻を自宅に縛りつけておこうとした。

夫の締め付けに我慢の限界がきたルイーズは、銀行口座からお金を全て下ろし家を出ようと覚悟を決めた。恐らく銀行からの知らせが祖父にあったのだろう。激怒する祖父に「金はくれてやるからこの家を出て行け」などと言われて、結局彼女はそのまま出て行ったのだ。シーンが変わると車に乗った夫と子供たちを見送るルイーズの姿が……。

母マルティーヌが祖父から聞いた話とルイーズの日記の内容を照らし合わせて導かれる答えは、祖父が祖母を殺して埋めたというものだった。そのような描写はない。すべてはオドレイの想像だとも言える。そのようにこの映画は描いている。母と娘はここまできて、これまでの自分たちの長い不和の原因がわかって、ようやくうちとける。祖母ルイーズとも気持ちがつながる。娘オドレイは生まれてくる自分の子供と生きてゆこうと決める。

アメリカに負けない気位の高さ。なのにやっぱり負けている

『PARIS（パリ）』

原題：PARIS

製作国：フランス（2008／129分）
監督：セドリック・クラピッシュ
出演：ジュリエット・ビノシュ／ロマン・デュリス／ファブリス・ルキーニ／アルベール・デュポンテル／フランソワ・クリュゼ

『猫が行方不明』、『スパニッシュ・アパートメント』のセドリック・クラピッシュ監督が、故郷パリを舞台に描いた群像劇。心臓病を患い、余命わずかと宣告されたムーラン・ルージュの元ダンサー、ピエール。心臓移植にかすかな望みを託しつつ、ドナーが現われるのを待つ日々を過ごしている。

ピエールを案じて同居を始める姉のエリーズはシングル・マザーで、仕事や育児に追われながら自らの幸せを模索している。パリの街を背景に、そこに暮らす男女の悲喜こもごもの人生模様が描かれる。

『PARIS（パリ）』DVD　発売・販売元:アース・スター エンターテイメント

憂鬱だが健在な誇り高きフランス

この映画はフランスで大ヒットし、170万人が見たそうだ。パリの街を讃美する愛国映画だ。

フランス映画は、この30年間、やたらと意味深長で奥が深いか、単に理屈っぽかった。変人たちがわざと訳のわからないことを延々としゃべり、それを撮影しているとしか思えない映画が多かった。フランス人にしか意味不明のことを、閉じられた世界で語っていた。これではアメリカ映画の秀作が持つ「世界中で誰が見てわかってもらえる」あざとさには勝てない。

この新作『パリ』も、ジャン=リュック・ゴダールの『女と男のいる舗道』“Vivre Sa Vie”（1962年）の伝統を今に蘇らせようとする、無意識のフランス礼賛映画だ。『女と男のいる舗道』の中の「本物の実在の哲学者との対話」のシーンが、こちらでは、ソルボンヌ大学で学ぶ女子大生と、初老の歴史学の大家が個人的に親密になるエピソードになっている。

今の日本は、多くの人が鬱病になっている国だ。フランス人も相当に憂鬱だ。行ってみればすぐにわかることだが、ヨーロッパ全体が景気が悪い。「ヨーロッパの没落」はオスヴァルト・シュペングラー（Oswald Spengler　1880〜1936）が書いた、まさしく『西洋の没落』（*Der*《デア》 *Untergang*《ウンターガンク》 *des*《デス》 *Abendlands*《アベントランズ》*, 1918-1922* ）でちょうど100年前に書いたとおりだ。日本の衰退も又その陰鬱なるヨーロッパの没落の後《あと》をゆったり追いかけている歴史の必然なのだろう。

実際、フランス人の5〜8パーセントは鬱病経験があり抗鬱薬《こううつ》の消費量は世界一である。

ところが、鬱病に患《かか》ったこの教授は、ゴダールの時代と違って、意味深長なことは何も言わない。女子大生も何か特別に不幸を背負っていたりしない。別に若い恋人の学生もいて、ちゃんとそっちも楽しんでいる。煩《わずら》わしい深刻な人生心理劇などもう無いのだ。不景気の中でフランス人は実にあっけらかんとしている。

この映画は、心臓病で余命わずかと告げられた元ダンサーのピエール（ロマン・デュリス）のことから始まる。移植臓器提供者（ドナー）を待つ日々を送る彼を案じ、姉のエリーズ（ジュリエット・ビノシュ）が同居を始める。3人の子供を育てるために働き、人生を楽しむことを諦めた姉に「僕たちは生きているんだよ。人生を謳歌しなければ」と弟のピエールは告げる。今の彼にとって、一番の楽しみは自宅のベランダからパリの街を行き交う人々を眺めることだ。向かいに住むソルボンヌの女子学生レティシア（メラニー・ロラン）は、「君は美しい」と書かれた匿名のメールを受け取る。彼女は、メールの送信者が自分が大学で講義を受けた歴史学者のロラン（ファブリス・ルキーニ）からだと知り腹を立てる。が、彼を受け入れて関係を持つ。ロランの弟フィリップ（フランソワ・クリュゼ）は建築家として活躍し、間もなく子供も生まれる。自分では幸せな人生だと思っていた。しかし兄から「お前はあまりにも普通すぎる」と言われて悩む。

ダンサーとして華やかな暮らしを送っていたピエールは心臓病で余命わずかと宣告される

ムーラン・ルージュが今もあるのだ、と知って驚く。

子育てに疲れたピエールの姉をジュリエット・ビノシュが演じる。

ピエールが通うパン屋の女主人（カリン・ヴィアール）はいつも文句ばかりだ。ジャン（アルベール・デュポンテル）とカロリーヌ（ジュリー・フェリエ）は離婚した元夫婦。今も同じ市場で働き、それぞれに新しい出会いを見つける。だが、お互いを気にしている。

華やかなファッション業界で気楽な毎日を謳歌するマルジョレーヌ（オドレ・マルネ）。遥か彼方のカメルーン国では、マルジョレーヌとの再会を夢見るカメルーン人の恋人ブノワ（キングズリー・クム・アバン）が、パリへの不法入国を計画している。

パリの街で、接点のない人々が静かに交差する。それをアパルトマンから垣間見ていたピエールにとって、彼らの日常が突如として意味を持ち始める。さまざまな哀しみや喜びがある。それらが些細《ささい》な問題であっても、本人にとっては一番重要なことだということに気づく。姉に別れを告げ、最期の場所になるだろう病院へと向かう途中、ピエールはパリの街と人々をいとおしく感じた。

世界で一番哲学的であるこの国民が、人生についてきわめて簡潔なことしか言わない。ここが時代の新しさだ。偽善《ヒポクリシ》だけは嫌いだ、ということだろう。パリのパン屋の店主のような人たちが吐く人生論は高度に知的である。そこには衒学的《ペダンティック》な嘘はない。

きっとフランス人にしてみれば、どうせ外国人にはわからないよ、なのだろう。なにせ今でも世界で一番の文化国民で優等民族（French Ethnocentrism《フレンチ・エスノセントリズム》）だと思っている人たちなのだから。フランス・ワインの素晴らしさを、私たちがボトルの値段に応じてわかるようでいて本当はわからない、ことと似ている。実際にはフランス・ワインと他国産の区別がつかない。

この映画も、アメリカのハリウッド映画を見る感じで見ると、拍子抜けする。日本人はこの40年間ずっとドギツイ、ハリウッド映画に洗脳されているから、その基準からすれば、大事件も大爆破シーンも何もないから、飽き果てるような内容が続く。

だがそれでもさすがにフランス人である。〝憧れの華の都パリ〟は、かなりしみったれて多くの貧しい移民がいる。外国人にはとても近寄れないパリ15、16区のイスラム教徒、アラブ人の集住地帯がある。シャンゼリゼ大通りは堂々と美しい。しかし高級店舗も高級料理店も店内はカンコ鳥が鳴いているという。

一般庶民にとっては相当に生活が苦しいままのヨーロッパに、さらにアメリカ発の金融危機が追い討ちをかけて、もう19世紀の華やかなパリの貴族文化は過去の遺跡としか言いようがない。だが、それでも普通の庶民層を含めて、パリジャンたちの特権意識は今もきわだって強い。この映画はその誇り高さをさりげなく描いている。

アメリカ人のフランス文化への劣等感は今も強くある

『パリ、恋人たちの2日間』

原題：2 DAYS IN PARIS

製作国：フランス／ドイツ（2007／101分）
監督：ジュリー・デルピー
出演：ジュリー・デルピー／アダム・ゴールドバーグ／ダニエル・ブリュール／マリー・ピレ／アルベール・デルピー

『恋人までの距離』、『ビフォア・サンセット』のジュリー・デルピーが監督・脚本・製作・音楽・編集・主演を務めたロマンティック・コメディ。

アメリカ人が恋人のフランス女の里帰りに同行して訪れたパリで、様々なカルチャー・ギャップに翻弄され、いつしか恋人との関係も危機に陥るラブ・コメディ。

『パリ、恋人たちの2日間 特別版』DVD　価格：1429円＋税
販売元：ワーナー・ブラザース・ホームエンターテイメント

きれいごとでは済まされない現代版〝パリの恋人たち〟

ベルリン国際映画祭で、〝パリのウディ・アレン映画〟と評された映画だ。さらりと交わす気の利いた会話の中に、フランス人とアメリカ人の文化衝突が表れる。それはもはや『フレンチ・キス』（1995年）のときのメグ・ライアンとケヴィン・クラインのようなきれいごとでは済まされない。今は、同じ〝パリの恋人たち〟を描いても、米仏が文化衝突し、さらには政治衝突《ポリティカル・ストラグル》もする。かなり泥くさい人間像を描かないわけにはゆかない。それを底抜けの笑いでやる。

フランス人は、アメリカ人を馬鹿にする。「アメリカは帝国になって、世界中を爆撃して回って、侵略しても何とも感じない残忍なやつら」だと。アメリカ人もフランス人に反撃にする。「今のフランスは、イスラム原理主義に毒されて、アラブ人に占領されている（反ユダヤ主義がはびこる）人種差別主義者の国だ」と罵《ののし》る。

ところがそれでも、アメリカ人は、イギリスで起きた1066年の「ノルマン・コンクエスト」（ノルマン人＝北フランスの貴族たち　によるイギリス征服）以来の歴史的経緯から、今でもフランス人にだけはどうしても頭が上がらない。人種的な劣等感情《インフォリオリティ》（あるいは優越感情《スーペリオリティ》）というのは抜き差しならないものだ。

アメリカ合衆国の有名大学町や、ニューヨークの財界人のパーティーでは、上流階級のご婦人方はわざとフランス語で会話する。アメリカ白人女性で、外国語としてのフランス語が習得できていないような人間は、自分たちアメリカ上流階級《アッパー・クラス》にはふさわしくないから仲間には入れないという感じだ。

アメリカの知識人やニューヨークの上流階級の人間たちほど、今もフランス文化への強い劣等感を滲ませる。フランス語とラテン語を話そうとして、しかし実際には話せない自分を卑屈に思っている。アメリカのエリート階級の秀才の男たちは、高校生時代のエリート進学校（プレッピー・スクール）のときからラテン語を勉強する。ラテン語の成績がよくない文科系の学生は、秀才扱いされない。

この映画の内容は、陽気なアメリカ男を旦那にして、ベネチア旅行の帰りにパリの実家に立ち寄る女性マリオン（ジュリー・デルピー）が主人公だ。かつて学生運動の活動家だった両親を、表面上はただの庶民として描いている。パリを歩き回って「元カレ」たちと再会して旦那を怒らせる。パーティーで底抜けの下品な会話を交わすだけの他愛ないつくりのいかにもフランス映画だ。それでも、たまにはこういう浮《う》わついたパリジャンたちの映画を観ないことには、映画なるものを観る楽しみに浸れない。

フランス映画が光り輝いていたのは１９７０年代までである。ジャン＝リュック・ゴダールの『カルメンという名の女』（１９８３年）の後は、もう日本映画同様、ハリウッドにボロ負けに負けた。

フランス人女優ジュリー・デルピーは、この劣勢の挽回しようもないことをじゅうじゅう承知のうえで、猥雑なしかし底の深いフランス像を措いて、偽善の塊と化している今のハリウッドに一矢報いている。ジュリー・デルピーはアメリカ映画にたくさん出ている。登場人物のおしゃべりの中の一瞬の言葉遣いや、何気ない仕草を笑うことこそは、映画を観る喜びである。ほかに一体、何を求めることがあるか。

ここであらすじをおさらいする。

付き合って2年になるフランス人フォトグラファーのマリオン（ジュリー・デルピー）とアメリカ人インテリアデザイナー・ジャック（アダム・ゴールドバーグ）はニューヨーク在住。ベネチアでのバカンスの後、彼女の故郷パリに立ち寄る。

ジャックはテロを警戒しメトロやバスを嫌い、タクシーに乗ろうと主張する。マリオンは両親の住むアパルトマンの真上の部屋を購入する。その建物は古く、バスルームの天井はカビだらけだ。清潔好きなジャックは気味悪がるが、マリオンは清潔すぎるからアレルギーになるのよ、と正論を言う。

マリオンはベネチア旅行前に、猫のジャン=リュックを両親に預けていた。彼女が引き取りに行くと、猫は太っていた。母アンナ（マリー・ピレ）が賞味期限切れのフォアグラを食べさせていたのだ。マリオンの怒りの声を聞いて出てきた父ジャノ（アルベール・デルピー）はアンナに加勢する。

2人は両親と食卓を囲む。ジャノは自分が知っているアメリカの作家の名前を並べ立てる。そしてジャックの知性と教養を試そうとわざと画家たちの名前を挙げる。ジャックはそれらに答える。

道端で旧友のマニュ（アレックス・ナオン）と出会う。ジャックを完全に無視してマリオンを見つめるマニュ。苛立つジャックはマリオンと言い争う。2人は友人宅のパーティーに行く。ジャックは、フランス人たちが下半身の話題ばかりするので不愉快になる。サンマルタン運河のカフェでガエルと再会する。ガエルもマリオンの元カレだ。マリオンの元カレにばかり遭遇するジャックは、彼女が部屋に置き忘れた携帯を見る。そこにはマチューからのエロティックなメッセージがあった。2人はついに喧嘩別れする。

1人になったジャックはファスト・フードショップに入る。そこで相席になった男、ルカ（ダニエル・ブリュール）から、彼女の元に戻るように言われる。その日は「音楽の日」で、街中に音楽が溢れていた。マリオンとジャックはその中に紛れ込む。互いにこのひとときを一緒に過ごしたいと思いながらも出会えない。

第6章

現代の憂鬱

イギリス国民党というスキンヘッドの右翼政党のことがわかる

『THIS IS ENGLAND』

原題：THIS IS ENGLAND

製作国：イギリス（2006／98分）
監督：シェーン・メドウス
出演：トーマス・ターグーズ／スティーヴン・グレアム／ジョー・ハートリー／アンドリュー・シム／ヴィッキー・マクルア

『トゥエンティーフォー・セブン』のシェーン・メドウス監督が、自身の体験をもとに描く社会派青春ドラマ。1983年のイギリス中北部、サッチャー政権下の英国の一地方都市。父親をフォークランド紛争（1982年）で亡くした労働者階級の少年ショーンが主人公。

町にたむろするスキンヘッドの不良たちの仲間になる。友達のいなかったショーンは彼らと気持ちを通わせていく。だが、やがて過激な愛国主義の男コンボが刑務所から戻ってきて仲間たちは分裂する。

『THIS IS ENGLAND（通常版）』DVD　価格3980円＋税　販売元：キングレコード

80年代イギリス下層庶民の日常が皮膚感覚で迫る

いかにもイギリスくさいバタくさい映画だ。

イギリス下層社会（労働者階級《レイバラー・クラス》）の若者たちの生《なま》の様子を、1980年代を回想的に振り返るという形で描いている。スキンヘッド（丸坊主）で、パンクロックが流行った80年代のイギリス下層文化が、はっと気づくと、30年後の今、私たち日本の若者たちを包み込む右翼っぽい（ネトウヨの）雰囲気と重なっている。

この映画では、1982年のフォークランド戦争で職業軍人だった父親を亡くした少年ショーンが、町の不良たちと付き合って、次第にスキンヘッドの右翼（ライトウイング）になってゆく様子が描かれている。80年代はサッチャー首相が激しい政治経済改革を断行して〝鉄の女《アイアン・レディ》〟として名を上げた時代だ。しかし相変わらず失業している若者たちにとっては、どうでもいいことだ。豊かな未来なんか無いという感じが実によく滲み出ている。

イギリスという古色蒼然とした文明国の、本当の嫌な面と、うらぶれた現実をこの映画で思いっきり見ることができる。イギリスは人間の洗練度合いでは今でも世界の最先端を行く一等国であり、大人の国、だから一切を隠さない。ＢＢＣは国営放送局であるが、この何十年間、優れたニューズ報道番組やドキュメンタリー作品や芸術作品、秀作ドラマを放送してきた。それらの作品は日本でも周回《しゅうかい》遅れで放映されて、私たちはそれらをＮＨＫ経由で見てきた。そうやって日本は何とか世界から遅れて落ちこぼれながらも、ここまでやってきた。本当は、サッチャー保守革命で、優れた多くのイギリス人左翼（あるいは急進リベラル派）の番組制作者や映像作家たちが国営放送局のＢＢＣから追い出されて失業した。しかし、そういう真実は日本にまでは伝わらない。私たちは「周回遅れ」のピンボケのまま、世界の知的（知能）水準から遅れながら、今に至っている。英語というコトバの壁が未《いま》だに測り知れなく大きい。

落ち着いたイギリス人の目は、わずかこの１００年間で成り上がったアメリカ合衆国を冷ややかに見つめる。今のアメリカ帝国はイギリス（大英帝国《ブリティッシュ・コモンウェルス》）のデリバティブ（派生物）である。アメリカ〝ヤンキー〟文化を冷ややかに見る目を、イギリスの報道・映像文化が折に触れて私たちに教えてくれる。〝ヤンキー Yanky〟というのは、本当は東部アメリカに住むユダヤ人のことなのだ。このことも私たちは知らない。Yank（ヤンク）とはオランダ人でありユダヤ人なのだ。

戦争で父親を亡くした12歳のショーン（トーマス・ターグーズ）は、ロンドン郊外で母親と2人で暮らしている。学校でダサい服装をからかわれた。ショーンは彼らと喧嘩をして校長から大目玉を喰らう。その帰り路で、スキンヘッドのグループがたむろしているところを通りかかった。リーダー格のウディ（ジョセフ・ギルガン）が、ショーンを自分の傍らに座らせ話を聞いてくれた。彼らと仲良くなったショーンは、母親にスリムのジーンズを買ってもらい、ウ

イギリス下層社会の青年たちを リアルに描いているいい映画だ

ショーンはリーダーのコンボに拳に刺青を入れてもらい、仲間とパキスタン人を襲う。

ジャマイカ移民の子であるミルキーは、ナショナル・フロント（英国国民戦線）に傾倒する仲間たちから離れていく。

ディの彼女、ロル（ヴィッキー・マクルア）に頭を剃ってもらう。ロルからシャツとサスペンダーをプレゼントされたショーンは、こうしてスキンヘッズの仲間となった。

しばらくして彼らのリーダーだったコンボ（スティーヴン・グレアム）が、刑務所から戻ってくる。コンボは、自分たちの生活に希望がないのと、イギリスの退廃の原因は、移民《イミグラント》のせいだと主張する。そしてパキスタン人を恐喝する。ウディやロルはコンボから離れていく。しかしショーンはコンボと共にグループの一員となり、その中で自分の右翼活動家としての生きる道を見つけていく。

外国人排斥感情が高まり右傾化する世界の現実

このショーンの所属しているイギリスの極右集団である「ナショナル・フロント」National Front 英国国民戦線の上部の政党がブリティッシュ・ナショナル・パーティー（ＢＮＰ《ビーエヌピー》）である。だが、このＢＮＰ（他の集団と合同して１９８２年に創立）は、その後、内紛と分裂を起こした。このＢＮＰ（イギリス国民党）が、移民排斥つまり「アフリカ系、アジア系をイギリスになるべく入れるな。彼らに福祉をやるな」を訴えるだけならイギリスの保守大衆に許容されていたのだが、「ユダヤ人排斥」まで唱えたのでヒドく嫌われた。

この内部対立の中から、１９９３年に生まれたのが、イギリス独立党（ＵＫ《ユーケー》インデペンデント・パーティー、ＵＫＩＰ《ユーキップ》）である。このＵＫＩＰ（イギリス独立党）は、２０１０年代に急速に成長して国民政党になった。そして２０１４年5月22日の欧州連合《ヨーロピアン・ユニオン》（EU《イーユー》。本当はヨーロッパ同盟《ユニオン》と訳すべきだ）の議会の代表選挙で、イギリス内で第1の得票（63のうち23議席）をした。これで俄然、脚光を浴びている。

来年の２０１５年5月の英総選挙でも躍進して、おそらくイギリス保守党（今はジェームズ・キャメロン党首。首相）と連立政権《コアリション・ガヴァメント》を組むだろう。そうしないと英保守党の側が議会の過半数を取れず、労働党（レイバー・パーティ）に負けるからだ。英保守党《コンサヴァティブ・パーティ》とＵＫＩＰの連立で60%、英労働党が40%ぐらいにはなるだろう。

そうなると今後のイギリスもまた、他のヨーロッパ諸国と同じように右傾化する。そして「移民排斥。アフリカ系、アジア系、特に中東アラブ・イスラム教徒はこの国に来るな。もう、これ以上人権《ヒューマンライツ》、福祉予算でお前たちを食べさせる余裕はないんだ。ヨーロッパは貧乏なんだ」という、庶民層、一般国民層の実感の籠《こも》った人種差別《ショービニズム》感情のあと押しを受ける。これが時代の潮流となって世界はどんどん右翼化してゆきつつある。日本も例外ではない。この映画『ＴＨＩＳ ＩＳ ＥＮＧＬＡＮＤ』はイギリスの現状と現実を知るために大変、出来のよい映画である。

老大国イギリスは、ここまで来るとすっかり疲幣して、外側世界に対して従来のジェントルマンの金持ち国ぶったきれいな面だけを見せてはいられない。イギリス下層社会に蔓延する、反外国人（反移民）感情はヨーロッパ諸国と共通のものである。ヨーロッパ諸国の下層白人（ローワー・ホワイト）たちの一部は、人種差別主義者《レイシスト》になっている。外国からの移民労働者たちが、自分たちイギリス人の職を奪っている、だから自分たちが失業して苦労するのだ、と考える。これは今の日本国内にも微《かす》かに存在する他のアジア人種に対する排外主義《ショービニズム》（外国人排斥感情）である。

この映画にはまさしく「ナショナル・フロント」National Front というイギリスの極右《きょくう》の民族主義政党の集会の様子が出てくる。極右《きょくう》とは、ただ単に右翼（右派《ライト》）であることを通り越して、far《ファー》 far《ファー》 right《ライト》 wing《ウイング》 である。

主人公のシェーンは、この運動に一時のめり込む。この男たちの粗暴な振るまいから、その場のムワッとくる嫌な感じが、皮膚感覚で無理やり観ている私たちにまで伝わってくる。イギリスの国旗に忠誠を誓い、外国人移民をあからさまに中傷する仕草をたくさんをする。アパートに溜まって、不良青年たちがパーティーのようなことをずっと延々とやっている。つまらない日常生活にうんざりしながら人間はたいてい生きている。失業と不良暮らしが隣り合わせで存在している。いつもながらのチンピラたちの生態だ。

ところが、この感じが、アメリカもヨーロッパも大不況の時代に突入して同じような感覚として世界的に甦《よみがえ》ってきた。日本も決して例外ではない。ＢＢＣの上品な作品群とは違う、このムワッとくるイヤーな感じを、この監督は実に見事に描ききっている。群れている彼ら右翼青年たちの臭《くさ》い匂いまでがこっちまで伝わってきそうだ。それぐらい上手な真実の描《えが》きだ。

ドイツの過激派=新左翼運動の全体図が見て取れる

『バーダー・マインホフ 理想の果てに』

原題：DER BAADER MEINHOF KOMPLEX

製作国：ドイツ／フランス／チェコ（2008／150分）
監督：ウーリー・エデル
出演：マルティナ・ゲデック／モーリッツ・ブライブトロイ／ヨハンナ・ヴォカレク／ナディヤ・ウール／ヤン・ヨーゼフ・リーファース

60年代後半、西ドイツで結成された過激派組織“バーダー・マインホフ・グループ”、のちの「ドイツ赤軍」の10年に及ぶ闘争の歴史を描いた政治映画。1967年6月、西ベルリンでの反アメリカを掲げるデモのさなか、学生の一人が警官に射殺される事件が起こる。

現場を取材していた女性ジャーナリストのマインホフは、過激派の左翼学生たちの運動に共感を寄せていく。ベトナム反戦運動という世界的な時代の熱気に煽られた若者たちが、権力との闘争の中で次第に孤立し、自滅していく道のりをリアルに描いた。

『バーダー・マインホフ 理想の果てに』DVD　価格：3800円＋税　販売元：ハピネット

国家に扇動された生真面目な若者たちの暴走

もうすぐ半世紀（50年）が経《た》つ。1968年、世界中で学生たちによるベトナム反戦運動が湧き起こった。初めは穏やかで大衆的な抗議行動だった。やがて過激な反政府運動の暴力を伴ってゆく。1966年から77年のちょうど10年間、中国で吹き荒れた「文化大革命」という自国文化の大破壊運動の影響もあった。

この時期、世界中の若者の多くが政治的だった。「自分が犠牲になって銃を取って闘うことで、皆（あるいは国）を救う」という、極端に思い上がった、しかし泣きたくなるほど幼稚な行動である。彼らは人間（人類）という生き物に初めから備わっている悪意と残酷を見つめようとしない。神風特攻隊の思想と同じだ。あれだって本当は国家による強制だった。

歴史上いつの時代もどこの国でも、最も純粋で、そして単純な思考をする最も過敏な者たちが、国家と支配者たちに上手に騙《だま》されて、戦争の中の暴力行動に狩り出されてゆく。一番、生真面目だった人間たちが、国家の扇動を受けて暴力行為に走り、滅んでゆく。そして、後に歴史の1ページとなる。

この映画『バーダー・マインホフ』をつくったのは、秀作『ヒトラー　最期の12日間』（2004年）と同じ制作陣と俳優たちである。私は封切られた『ヒトラー　最期の12日間』を見ていたとき、ふと気づいた。見回すと客席には日本の70代、80代の老紳士の姿が多かった。彼らが当時の日本の同盟国《アライ》であったドイツの映画を涙を流しながら鑑賞していたことに衝撃を受けた。おそらく戦争中に少年だった彼らも、あのときのドイツの少年たちと同じように死を覚悟させられたのだ。

「バーダー・マインホフ」はドイツ過激派の極左《きょくさ》組織だ。映画で描かれるドイツの青年たちの行動は、日本で72年に起きた連合赤軍による「浅間山荘事件」を題材にした映画『実録・連合赤軍　あさま山荘への道程』（若松孝二《わかまつこうじ》監督。２００７年）とほとんど同じで凄惨だ。

　この「ドイツ赤軍」とも呼ばれた組織の創立者のアンドレアス・バーダーと、恋人のグドルン・エンスリンは、暴力闘争を指導する〝山賊の首領〟となるべく生まれた天性の政治活動家だ。だが仲間に加わった女性ジャーナリスト、ウルリケ・マインホフは、すでに30代で温厚な夫と2人の子どもを持つインテリ女性である。彼女は当時のドイツでベトナム侵略戦争に激しく抗議する評論文を書いて発表していたドイツ言論人だ。彼女が過激派の若者たちと共に行動することを決意し、ヨーロッパ中をあちこち逃亡する惨めな生活の描写が、この映画の中心部分である。彼女は逮捕され、自分たちが犯した国家や体制の側から見ればただの暴力犯罪でしかない殺人と強盗の事実に対する自覚があるから嗚咽《おえつ》しながら刑務所で自殺する。

「バーダー・マインホフ」団は、１９７２年のミュンヘン・オリンピックでイスラエルの選手たちが殺害された「黒い9月」事件にも関わる。ドイツの財界人たちを殺し、ドイツ駐留のアメリカ軍の基地も爆弾で攻撃した。逃亡中に資金調達のために銀行強盗もするなどだんだんと犯罪者集団となる。そして全員逮捕される。結末は1977年、幹部たちは彼らの裁判の様子がテレビで公開して行われている中《なか》、刑務所でまとめて「自殺させられた」。

この映画でも「バーダー・マインホフ」団に、煽動者として国家のスパイが潜り込んでいたことが強く示唆される。敏感な若者の集団を、国家が上手に操って計画的に自暴自棄の暴力行為へと向かわせた。日本で起きた幾多の過激派事件や民衆運動にも、同様の恐ろしい隠された真実があるのである。

ヨーロッパを震撼《しんかん》させたドイツ赤軍

10年に及んだドイツ赤軍「バーダー・マインホフ」グループによる事件の全体が描かれている。監督は『ブルックリン最終出口』（1989年）のウリ・エデル。脚本は『ヒトラー 最期の12日間』のベルント・アイヒンガー。出演は、『善き人のためのソナタ』（2006年）のマルティナ・ゲデック、『ミュンヘン』（2005年）のモーリッツ・ブライブトロイ。米アカデミー賞外国語映画賞にノミネートされた。

再度、あらすじを追いかけよう。

1967年6月、ドイツの西ベルリンで起きたイラン国王夫妻の訪問に抗議するデモ隊と警察隊の衝突で、1人の学生が射殺された。左翼ジャーナリストの女性ウルリケ・マインホフ（マルティナ・ゲデック）はこの事件をきっかけに、活動家の学生たちに近寄る。68年4月、自称

ドイツ赤軍は銀行強盗、駐留アメリカ軍や出版社の襲撃など、さまざまなテロ事件を引き起こしていく

彼らドイツ赤軍は西ベルリン高等裁判所長官や、西ドイツ連邦検事総長、ドレスデン銀行会長など、政財界や司法界の主要人物を暗殺した。

彼らヨーロッパの過激派も大きくは国家権力（政治警察）にあやつられていたのだ、ということが、ようやくわかられてきた。

ジャーナリストのアンドレアス・バーダー（モーリッツ・ブライブトロイ）と女子学生グドルン・エンスリン（ヨハンナ・ヴォカレク）がベトナム反戦を掲げてデパートに放火し逮捕される。さらに有名な無政府主義者のルディ・ドゥチュケ（セバスティアン・ブロンベルク）への銃撃や殺人未遂事件をきっかけに、都市部で政治警察が背後にいる右翼組織との市街戦も起きる。

69年6月、バーダーとエンスリンは裁判にかけられて有罪判決が出ていたが、控訴審判決まで釈放された。ここの国家による手続きに不審な点がある。政治の真の裏側は恐ろしい。二人は弁護士ホルスト・マーラー（ズィモン・リヒト）の手引きで、イタリアに身を隠した。70年4月、バーダーは密かに西ベルリンに戻り再び逮捕される。

マインホフは、「ファシスト国家の暴力に対しては暴力で応じるしかない」と語るエンスリンに尊敬の念を抱く。マインホフは自ら武装グループを手引きし、取材と称して面会したバーダーを拘置所から脱走させる。こうしてマインホフは活動家としての道を歩み出す。メディアから「バーダー・マインホフ」グループと呼ばれ始めた彼らは、5月に正式にドイツ赤軍（ＲＡＦ）を立ち上げる。彼らドイツ赤軍は中東のヨルダンに行ってパレスチナ人の組織ファタハで戦闘訓練を受けた。ドイツに帰ったあと、彼らは銀行強盗、駐留アメリカ軍や右翼派出版社の襲撃などのテロ事件を引き起こした。

ドイツ連邦警察の長官ホルスト・ヘロルド（ブルーノ・ガンツ）はグループを追跡し、逮捕から逃れた6月にリーダー格3人と多数のメンバーを72年中に逮捕した。逮捕から逃れたペトラ・シェルム（アレクサンドラ・マリア・ララ）、ブリギッテ・モーンハウプト（ナディヤ・ウール）ら新らしいメンバーはさらにテロ活動を行ったが、活動方針を巡り対立が起き組織内はボロボロになる。76年5月、マインホフは裁判の途中、獄中で自殺する。

77年9月、さらに残党として残っていたドイツ赤軍は、財界人のシュライヤー西ドイツ経営者連盟会長を誘拐し殺害する。10月にはパレスチナ解放戦線ＰＦＬＰ《ピーエフエルピー》と共にルフトハンザ機をハイジャックした。

スペインの過激派青年が処刑された事件

『サルバドールの朝』

原題：SALVADOR

製作国：スペイン／イギリス（2006／135分）
監督：マヌエル・ウエルガ
出演：ダニエル・ブリュール／トリスタン・ウヨア／レオナルド・スバラグリア／ホエル・ホアン／セルソ・ブガーリョ

1970年代初頭のフランコ政権下のスペイン。独裁政権に対し反旗を翻す地下組織に属するサルバドールは、闘争資金を得るために銀行強盗を繰り返した。やがて警察との銃撃戦が起き、その混乱の中でサルバドールは逮捕される。

アナーキスト集団の活動に身を投じ、わずか25歳の若さで死刑に処せられた実在の青年の話である。

『サルバドールの朝』DVD　価格：3800円＋税　発売元：CKエンタテインメント株式会社　販売元：アミューズソフト

スペイン・フランコ独裁末期に世界が注目した「過激派の処刑」

スペインの現代政治史に残る「サルバドール・プッチ・アンティック事件」（1974年）を描いた映画である。フランコ総統独裁下のスペイン。無政府主義者のサルバドールは暴力肯定の過激派で、活動中に起こした銀行強盗と警察官殺しの罪により、1974年に処刑されて25歳の生涯を終えた。

サルバドール処刑の翌年である1975年11月に、独裁者フランコ総統が死去した。この後、スペインはようやく自由と民主政治《デモクラシー》を回復して、1930年代の内戦（1939年3月、人民戦線《ポピリエ・フロント》が勝利して政権をつくる。7月、反乱軍が起きて内乱はじまる。1939年3月、フランコ勝利）以来続いた激しい政治闘争の時代がようやく終わった。1936年のスペイン内乱が始まってから40年かかった。

だからこの映画は、スペイン流血の時代の最後の時期の記録である。

フランコの反乱軍（ナチス・ドイツ政権が支援した）に対して、国際義勇軍《インターナショナル・ボランティア》の運動が起こり、イギリスの作家ジョージ・オーウェル（Geoge Orwell　1903～1950）たちが参加した。オーウェルが書いた『カタロニア讃歌』（1938年刊）は有名である。そして今、このカタロニア（カタルーニア）地方（首都バルセロナ）がスペイン国からの分離独立を求めている。

1970年に入った時代には、まだ彼のような極端な過激派が世界的な影響力をもっていたことが思い出される。日本にもまだ過激派（新左翼《ニューレフト》）運動の残党《リメインズ》が残っていた。国家権力《シュターツ・マハト》である政治警察のスパイが内部潜入し撹乱《かくらん》戦術によって日本の過激派組織も煽動され、ただの反社会的犯罪者として国民から切り離されていった。これが冷徹な真実である。

　このスペインの事件もヨーロッパ諸国や南米諸国の反体制派の人々までが、サルバドール青年に共感して支援した。なんと偽善者《ヒポクリット》の世界の頭目であるカトリックのローマ法王庁まで巻き込んで助命のための運動が起きた。このことが映画に記録されている。処刑の直前には、スペインで「解放の神学《レベレーション・セオロジー》」運動を推進する有名なマネロ神父がサルバドールと接見している。

　助命の運動は大きく広がったのだが、1973年の暮れに、フランコ総統の片腕で後継者と目されていたカレロ・ブランコ首相が自動車ごと爆弾で爆死する事件が起こる。実行したのは日本でも名前が知られるスペインの過激派のＥＴＡ《エタ》（「バスク祖国と自由」）である。ＥＴＡはスペイン北部のバスク地方（バスク人）の分離独立《セパレーション》を要求している。こうしてサルバドールの処刑は不可避となる。ＥＴＡの活動家5人も捕まり続いて75年の9月に処刑された。

　この映画は実際にあった事件を淡々と描いている。サルバドール役のダニエル・ブリュールが最期まで恐怖感を示さず堂々と振る舞う「反抗的な人間像」を上手に演じていた。

　こういうヨーロッパの政治映画を観て、私はいつも興味深く思うことがある。ヨーロッパは裁判にかけられている犯罪容疑者に対してかなり自由な接見と弁護活動を許す。私たちの目から見ると丁重と思われるほどの処遇を警察や司法当局（検察庁）はする。サルバドールのよう

スペインの「解放の神学」のロペス神父がサルバドールに接見。解放の神学者《レベレーション・セオロジスト》たちは南米諸国で反アメリカ合衆国のゲリラ運動を支援して、自らも戦場の兵士となった

本当は、スペインのバスク人の分離独立運動（ETA《エタ》）の方がしぶとく続いていて重要である。ETAの闘争は日本にはほとんど紹介されておらず、理解もない。

な警察官殺しの過激派に対してさえも、だ。日本ではこれほどの寛容はない。いったん犯罪容疑者として警察署の留置場《りゅうちじょう》（代用《だいよう》監獄と呼ばれる）や拘置所《こうちしょ》に収監されると、厳しく身体の自由が規制される。被疑者《ひぎしゃ》との接見は弁護士といえども、ぶ厚いプラスチック製の窓を隔てて、終始監視つきで行われる。世界基準に合った弁護活動など行えない。どうかすると弁護士までも、無雑作に扱われ「逮捕するぞ」と脅される。日本はまだ近代《モダン》ではない。

犯罪者に対する寛容はヨーロッパの思想の伝統であろう。サルバドール事件では、首に鉄の輪をはめてネジで締め上げる「ガローテ」というスペインの伝統的な処刑方法が非難の的となった。ヨーロッパ諸国は、今は「国家による殺人」である死刑を行わない。

そうすると今度は、死ぬまで何十年も牢屋（刑務所）に閉じ込めておくことの人道性が問題になってくる。

主演のサルバドール役には『ベルリン、僕らの革命』（2004年、特異なドイツ映画）に出たダニエル・ブリュール。ブリュールはヨーロッパ全土で活躍する役者だ。彼の元恋人役に『トーク・トゥ・ハー』のレオノール・ワトリング。スペインの若きホープ、マヌエル・ウエルガ監督は史実を入念に調べ上げ、ドラマティックな真実を浮かび上がらせた。

死刑囚の刑執行までを描くドラマとして『デッドマン・ウォーキング』（1995年、主演ショーン・ペン、スーザン・サランドン）以来の傑作と呼ばれる。

サルバドールはＭＩＬ《エムアイアール》という過激派の活動家として警察にマークされていた。仲間との密会場所（アジト）に張り込んで急襲《バスト》した警官隊に逮捕され、死刑を求刑された。急襲した警官隊との揉み合いで、サルバドールの撃った銃弾が若い警察官の命を奪ってしまったからだ。だが死んだ警官の身体には警察側の弾丸も残されており、警察はその検死結果を裁判所に提出せずもみ消そうとした。

家族と友人、処刑を阻止しようと奔走する弁護士、元恋人たちが、獄中の彼を支援する。彼に激しい敵意を露わにしていた看守と、サルバドールが友情で結ばれる。しかし再審も恩赦も退けられ、死刑判決を覆すことはできなかった。減刑を求める家族や世論の声をきかず、サルバドールの死刑は執行された。

犯罪の共同者になること。ストーンズが今も結束している魔性の秘密

『ブライアン・ジョーンズ ストーンズから消えた男』

原題：STONED

製作国：イギリス（2005／103分）
監督：スティーヴン・ウーリー
出演：レオ・グレゴリー／パディ・コンシダイン／デヴィッド・モリッシー／ベン・ウィショー／ツヴァ・ノヴォトニー／ルーク・デ・ウルフソン

ローリング・ストーンズの結成時のリーダー兼ギタリスト、ブライアン・ジョーンズの栄光と挫折を描いたミステリアスな音楽伝記ドラマ。60年代、ブライアン・ジョーンズは瞬く間に頂点に登りつめた。

しかし、ストーンズの中で孤立してしまい、次第に精神不安定に陥っていく。アルコールとドラッグに溺れ転落していった彼の人生の明暗と、謎に包まれた彼の死の真相に迫る。

『ブライアン・ジョーンズ ストーンズから消えた男』DVD　価格：3800円＋税
発売・販売元：エイベックス・マーケティング・コミュニケーションズ

頂点に立つバンドの「原罪」
芸能界に棲む悪魔を巧みに描く

今も現役で活躍するロックンロールのグループ、ローリング・ストーンズ（もう皆70歳だ）の創設者で、初期のメンバーだったブライアン・ジョーンズが1969年7月3日、27歳で死んだ。プールで溺死体で発見された。彼の死は自殺だったのか、他殺だったのか、事故死だったのか。その謎に迫った映画である。

ロック音楽に関心のない人には興味のない話だが、38年も経ってようやく事件の真相が暴かれた。ストーンズという世界的なロック・グループが背負ってきた「原罪《オリジナル・シン》」がこの映画で表に出されたことは驚きである。

ジョーンズ亡き後の主要メンバー、ミック・ジャガーとキース・リチャーズは幼なじみであり1943年生まれだからもう71歳である。老骨に鞭打って、と言ったらファンに叱られるだろうが、そのファンたちも老齢だから、事実を語ってもかまわない。今でも引き締まってはいるのだが歳《とし》相応にやつれたあばら骨に近い胸を露出させて、彼らが執念で歌う姿を、私は驚きの目でしか見られない。ここまで持続するには内部を結束させる何か特別な力《ちから》がきっとある。その異常な結束力の秘密がこの映画に表れている。犯罪を共同した者たちは一生その呪縛《じゅばく》から逃れられない。

映画としても、なかなかよくできている。イギリス文学の伝統である登場人物たちの憂鬱（メランコリア）と心理の格闘と、『チャタレイ夫人の恋人』（D・H・ロレンス作）を思わせる貴族と召使の関係の複雑さをこの映画は描いている。それを犯罪心理ものへと導いてゆく構成の巧みさがある。それに60年代の世界を席巻したロックンロールの嵐を重ね合わせて描く。フラッシュバック効果によって、サイケデリックと当時称賛された人体の幻覚的な動きの妙を再現している。この映画全体に奥深さを与えているのは、10年の歳月をかけていくつもの錯綜した事実を手繰《たぐ》り寄せながら大きな真実へと到達させるスティーヴン・ウーリー監督の執念である。

あらゆる政治権力《ポリティカル・パウア》には悪魔性がある。同様に大衆の共同幻想を引き受ける芸能の世界にも同じ悪魔が棲んでいる。ツアー・マネージャーのトム・キーロックが、「ビートルズがキリストの役なら、お前たちストーンズはアンチ・キリスト（悪魔）の役を演じるのだ」と言い放った。このキーロックがブライアン・ジョーンズ死亡の首謀者だった、と監督は謎解きをしている。しかし、この映画が表現している悪魔は、警察や検察の調書に記されるような「犯人」とはまた別である。犯行現場にいたはずのないストーンズの面々がジョーンズが溺《おぼ》れ死んだプールのやぶ陰《かげ》に映し出されるとき、観客は恐怖で息を呑むことになる。

69年7月3日、イギリスのBBC放送はこう報じた――「ローリング・ストーンズのギタリスト、ブライアン・ジョーンズが自宅のプールで溺死体で発見された。享年27歳」。

ブライアン・ジョーンズはローリング・ストーンズ脱退からほぼ1カ月後の1969年7月3日深夜、自宅のプールで水死体で発見された

ミックとキースがブライアン・ジョーンズに対して「ストーンズ」のブランド名を自分たちに寄こせ、という対立もあった。あとはキースが恋人をブライアンと奪い合ったという説もある。

ブライアン・ジョーンズは63年のデビュー以来、世界最高のロック・バンドとして君臨する〝ローリング・ストーンズ〟の創始者であり、リーダーでもあった。セックス、ドラッグ&ロックンロールを体現し、60年代のアイコンだった彼を襲った突然の死は、事故死と発表された。真相は〝他殺〟である。そう導き出したのが、この映画「ブライアン・ジョーンズ ストーンズから消えた男」だ。10年以上を費やして集められた、彼の死に関する著書、検視官の調査結果、関係者の証言。さらに、彼の死の〝目撃者〟であり、ストーンズのマネージャーでもあった、なんとトム・キーロック自身をコンサルタントとしてこの映画づくりに招いている。

ブライアンの身になにが起きていたのか。

10代のブライアン・ジョーンズ(レオ・グレゴリー。『フーリガン』に出演)は音楽と女の子に夢中で、学校の規則に反抗して日々を過ごした。厳格な父親は息子が音楽に没頭するのを許すことができず、親子は対立する。ブライアンは19歳でロンドンに移り、ミック・ジャガー、キース・リチャーズとバンドを結成した。これがローリング・ストーンズの始まりだ。バンドの創始者であり、リーダーであったブライアンは、マネージャーにもなりストーンズを引っ張った。名声を得てゆくストーンズは、各地でライブを行い、スターへの階段を駆け上がった。

そして1965年、ドイツ・ミュンヘンでのライブの後、ブライアンはひとりの女性と出会う。彼女の名はアニタ・パレンバーグ(モネット・メイザー)。ふたりは一瞬で恋に落ち暮らし始める。幸せな日々はそう長くは続かなかった。あらゆる楽器を演奏でき、ギタリストとして、ストーンズのリーダーとしてカリスマ性を極めたブライアン・ジョーンズは、本物のR&B（リズム・アンド・ブルース）を追求し、「俺たちは、ビートルズになる気はない」と宣言していた。

しかしそれとは裏腹に、すでにロック・スターとして不動の人気を得ていたストーンズからブライアンは次第に孤立していった。ミックやキースがリーダーシップをとってゆくようになった。繊細な感覚をしていたブライアンは精神不安定になり、悪夢に苛まれる。ブライアンを決定的に痛めつけたのは、バンドでモロッコを旅したときだった。アルコールとドラッグに溺れ、手当たり次第に女を変えた。ブライアンについていけなくなったアニタは、キースと共に逃げるようにロンドンへと帰っていった。アニタを失い、ブライアンはますます自暴自棄になった。そして事件が起きた。

真実の国家スパイたちは大企業や研究所の中にもいる

『フェアウェル さらば、哀しみのスパイ』

原題：L'AFFAIRE FAREWELL

製作国：フランス（2009／113分）
監督：クリスチャン・カリオン
出演：エミール・クストリッツァ／ギョーム・カネ／アレクサンドラ・マリア・ララ／インゲボルガ・ダプコナイテ

1980年代初頭、ブレジネフ政権下のソ連KGBの実在の幹部グリゴリエフ大佐は、東西冷戦の敵側陣営であるフランスと接触した。そして重要機密を次々と受け渡していく。国家に対する裏切りであり反逆である。

グリゴリエフのコードネームを冠した“フェアウェル事件”として知られるスパイ事件の映画化。監督は『戦場のアリア』のクリスチャン・カリオン。

本物の仏大統領執務室も見ものだ　機密を渡した理由に想いを馳せる

1981年に表面に出たスパイ事件「フェアウェル事件」を描いた史実に基づいた映画である。ソビエト連邦の最高機密情報が、フランス政府経由でアメリカに渡った。この事件が、それから10年後のソ連の解体につながったとされる。1991年12月8日、ソビエト社会主義連邦の消滅。12月25日、ゴルバチョフ大統領が辞任してソ連は正式に解体された。

フランスの国家情報機関DST《デエスチ》（国土監視局）の要員が、モスクワで、KGB《カーゲーベ》（ソビエト国家保安委員会）の高官のグリゴリエフ大佐（エミール・クストリッツァ）に接触した。大佐から戦闘機や核兵器に関する機密文書を1年間にわたって受け取った。大佐はなぜ自分の祖国を裏切ったのか。この映画では、愛する妻子を守るため、などと終始不可解な描き方をしている。ついに最後までその理由（謎）は解明されない。しつこいぐらいに「妻子のため、自由世界のため」と意味不明の描写を続けた。これがこの映画のダメさである。

国家秘密情報官（インテリジェンス・オフィサー）などになってスパイ活動（諜報、防諜）に従事していると、どうしても同業者である他国のスパイたちと付き合いが生まれる。「蛇《じゃ》の道は蛇《へび》」である。情報を取るために、敵側との交渉が生まれる。諜報活動《インテリジェンス》は、同時に防諜《ぼうちょう》（カウンター・インテリジェンス）でもある。スパイには必ず〝二重スパイ〟の側面があるという。敵を抱き込もうとして自分も抱き込まれてしまう。金銭の報酬が直接の理由であることが多いだろうが、それだけではない。

今の日本にも、当然インテリジェンス・オフィサーはいる。国家の暴略で裁判にかけられたあと作家になった佐藤優氏もそうである。現職の外事《がいじ》課警察官（公安警察の一部）でありながらジャーナリストのふりをしている、対《たい》中国向け専門の富坂聰《とみさかさとし》氏もそうだ。麻生幾《あそういく》氏もそうだ。アメリカのＣＩＡへの情報提供者たちもかなりいる。ロシアや中国の政府のために情報収集で活動している日本人もたくさんいる。私はちがいますよ。どこの勢力にも組織、団体にも買収されないし、加担しない。

外国のスパイたちとの厳しい調査・防諜活動で、相当に残酷なことを任務にしている特殊な公務員たちが実際にいる。日本の国家秘密情報官であっても普通の国民には推測もつかない、恐ろしい世界を生きている。だから蛇の道は蛇なのだ。彼らは北朝鮮のスパイたちを摘発し捕まえ拷問にかけ殺害したあと、おもりをつけて海に捨てる。これに対する報復（復讐《ふくしゅう》）で北朝鮮から狙われる日本の外事警察官や自衛隊教育隊（調査隊。昔の憲兵隊だ）たちもいる。彼らの中には自分の戸籍も消してしまう人々がいるそうだ。

「フェアウェル事件」の舞台はモスクワで、大佐（実在の人の本名はウラジミール・ヴェトロフ）からフランスに流れた国家機密は、文書にして４０００枚という。スペースシャトルの設計図や、フランスの原子力潜水艦の航路図。宇宙技術にかかわる国家組織の詳細なリスト。さらには西側諸国にいるソ連側スパイの重要人物のリストなどが含まれていた。世界の国家情報戦争の勢力図を一変させる力を秘めた、衝撃の機密漏洩だった。大佐のコードネームが、フェアウエル（さようなら）であった。これの現在版がジュリアン・アサンジのウイキリークス事件（２０１０年）であり、２０１３年5月からのエドワード・スノーデン（アメリカの国家安全省ＮＳＡ《エヌエスエイ》が大打撃を受けた）の事件である。

１９８１年にフランスは政権交代した。大統領になった社会党のミッテランは、１９６５年からずっとドゴールに敗れていたが、ついに81年にド・ゴールの後継者の保守党のジスカールデスタンに勝利した。アメリカは左派であるミッテラン政権に不満を感じた。同年のオタワ・サミットの席で、レーガン大統領は、「ミッテラン大統領が共産主義者を閣僚に起用したことに不服を表明」し、組閣の見直しまで要求した。ミッテランは「内政干渉だ」と強く反発した。しかし米仏の同盟を守るために、ミッテランがレーガンにそっと差し出したのが、このフェアウェル文書だった。

この映画は、米ソ両大国の狭間で、上手に立ち回るフランスを、したたか者のフランス大統領を通して描いている。フェアウェルと名乗ったロシア人の大佐は翌82年、ソビエト側に探索されて捕まり処刑された。真実の物語である。パリのエリゼ宮殿の中の、本物のフランス大統領執務室が撮影されており、その中でのシーンが出てくる稀有の映画だという。ということはこの映画には、フランス政府のお墨付きがあるということだ。

ソ連の体制を揺るがしたスパイ事件を克明に描く

配給会社の資料からあらすじを詳述する。

ソ連崩壊のきっかけとなった「フェアウェル事件」を『戦場のアリア』（2005年）のクリスチャン・カリオン監督が作った。愛する息子と祖国のために死のリスクを冒す男の姿を描くとしている。出演は『アンダーグラウンド』（1995年）の監督、エミール・クストリッツァ、『戦場のアリア』のギョーム・カネ、『太陽に灼かれて』（1994年）のインゲボルガ・ダプコナイテ。

1981年のモスクワ。ブレジネフ政権下のKGBの幹部のセルゲイ・グリゴリエフ大佐（エミール・クストリッツァ）は、妻（インゲボルガ・ダプコナイテ）と反抗期を迎えた息子と共に暮らしていた。国家のエリートとして充分に満足できる生活のはずであった。だが、グリゴリエフは自国の行く末に、不安を感じていた。彼はフランスの大手家電メーカー・トムソンの技師、ピエール・フロマン（ギョーム・カネ）と接触した。

このトムソン（情報配信会社でもある）に勤めてモスクワに派遣されたこのフロマンは、この映画では最後までナイーヴ（純朴）な電気技師として描かれていた。そんなことがあるわけがない。この男こそはフランスの情報将校（インテリジェンス・オフィサー）なのだ。

フロマンに対してはフランス国家保安局DST《デエスチ》から、フロマンの上司を経由して接触せよとのことだった。グリゴリエフは、フロマンに対し親近感を覚え、スペースシャトルの設計図やフランス原子力潜水艦の航路図など国家機密情報を手渡した。フロマンは、危険な行為に金銭的な見返りをいっさい求めないグリゴリエフの清冽さと強靭な精神に惹かれた。ホントですか。

グリゴリエフが流した情報は仔細かつ想像を絶する重大な機密事項ばかりだった。アメリカ大統領の専用機エアフォース・ワンの設計図、アメリカの防空体制、果てはホワイトハウスの暗証番号から郵便物デリバリーの時間まで書かれていた。すなわちソビエト・ロシアがアメリカに張ったスパイ網を駆使して収集した情報の山だった。アメリカから軍事技術を盗むことで自国の技術を前進させるしかないソビエトの惨状がグリゴリエフには辛かった。

このあと決定的な情報がグリゴリエフの手元まで届いた。ソビエトが外国で活動しているトップクラスの情報部隊「X部隊」の書類だった。その情報を西側に渡せばソビエト体制は崩壊する。そして世界が変わることは明らかだ。それがフロマンに渡された。このあとグリゴリエフに危険が迫った。

主役のグリゴリエフのキャスティングは当初、ロシア人俳優で監督でもあるニキータ・ミハルコフが配役されていた。ところがスケジュールの都合で降板、ミハルコフはプロデューサーの1人として参加が決まった。代わってロシア人俳優がキャスティングされた。当時の在仏ロシア大使、後に文化長官となる人物から電話があった。そしてその俳優も降板した。「ロシアからしたらグリゴリエフのモデルとなったウラジミール・ヴェトロフはヒーローではなく、祖国の裏切り者なのだ」という通告を受けた。その圧力に恐れを抱いたミハルコフもプロデューサーを降板した。ロシア国内での撮影への道筋が断たれた。

このあと、「フェアウェル」を演じることに決まったのは、『パパは、出張中!』（1985年）『アンダーグラウンド』で2度のカンヌ国際映画祭パルムドール賞を受賞し、今のヨーロッパを代表する映画監督のエミール・クストリッツァだった。俳優、ミュージシャンとしても精力的に活動する。これが彼の初の主演映画となった。フランス語とロシア語のセリフもこなした。「フェアウェル」の相手方のフランス人、ピエール・フロマンに扮したのはギヨーム・カネだ。彼も自ら監督として権威あるセザール賞の受賞歴を持つ実力派俳優だ。ソ連在住のフランス民間企業のエンジニアのふりをしてスパイ活動にのめり込んでいった男の複雑な心理を上手に演じきった。

貧しいベルギー人夫婦が赤ちゃんを売る話

『ある子供』

原題：L' ENFANT

製作国：ベルギー／フランス（2005／95分）
監督：ジャン=ピエール・ダルデンヌ、リュック・ダルデンヌ
出演：ジェレミー・レニエ／デボラ・フランソワ／ジェレミー・スガール／ファブリツィオ・ロンジョーネ

子供ができたベルギー人の若いカップルの過ちを描いた。20歳の青年ブリュノと18歳の恋人ソニアの間に子供が生まれる。ブリュノは手下のように使っている少年スティーヴたちと共に盗みを働き、その盗品を売った金でその日暮らしをしている。

真面目に働いて欲しい、と彼にソニアは頼むが、ブリュノにその気はない。職業斡旋所に並ぶ列から離れ、なんと生まれたばかりの自分の子供を秘密組織に売ってしまおうとする。それを知って卒倒したソニアは病院に運ばれる。

『ある子供』DVD　価格：3800円＋税　発売元：スタイルジャム　販売元：ハピネット

ゴダールや北野武を連想させるリアルな「無表情」の演出

2006年のカンヌ映画祭パルムドール賞（最高賞）をとったのは、この『ある子供』である。ベルギーのダルデンヌ兄弟監督の作品だ。1999年の『ロゼッタ』に続いてパルムドール賞は2度目である。それほどの大作とは私には思えない。確かに今のフランスやベルギーの庶民層の暮らしの感じはよく出ている。

20歳のブリュノ（ジェレミー・レニエ）は定職に就かず、仲間と盗みを働きながらその日暮らしをしている。18歳の恋人のソニア（デボラ・フランソワ）との間に子供が生まれた。しかし、ブリュノは無表情で、父親になった実感がない。

彼は、盗品を売りさばくかのように無感動に、生後間もない自分の子供を犯罪シンジケートの人間に売ってしまう。それを知ったソニアは気を失って倒れる。彼は自分の過ちに気づいて子供を取り戻してくる。それだけの話しだ。

この後、ブリュノはひったくりの罪で捕まって刑務所に入る。それまで彼を拒絶していたソニアが訪ねてくる。大部屋の面会室で2人は額を寄せ合って泣く。余談だが、日本の受刑者たちにはああいう開放的な面会室はない。この映画の警察官たちは、受刑者たちを非常に丁寧に扱っている。アメリカ映画によくある警察署や刑務所内での暴力シーンもない。犯罪者自身が自分の行為を犯罪と認めたときにだけ処罰される、という近代社会《モダン》のルールが今でもヨーロッ

史上5組目となるパルムドールを2回受賞したベルギーの名匠ダルデンヌ兄弟が緻密な演出で、明るい未来が見えないヨーロッパの若者たちの現実を描く

ベルギーに行ってみてわかった。北の都市アントウエルペン（アントワープ）では、中流階級の人々は家の中でフランス語（ワローニア語）をしゃべっている。法律ではフラマン語（ほとんどオランダ語）を話さなければならない。

パでは厳格に生きているようだ。

この映画には過剰な感情表現がない。考えてみれば、私たちの本当の日常生活にも激しい感情の露出はそれほどはない。知人の前で、自分のささやかな体験談を、自慢気に「ねえ、聞いて、聞いて」と熱演するとき、私たちはドラマの出演者を真似ているにすぎない。最近の日本の若者も無表情で、それがニートや引きこもりの問題とからめて「不気味」だと言われる。が、日常の中で私たちが無表情なのは実は当たり前である。それをそのまま描くほうがリアルである。

これは確かに、日本の北野武《たけし》監督の表現法と共通している。北野作品では、アウトローたちが殺伐《さつばつ》とした行きずりの暴力や殺人を無表情に行う。この『ある子供』を観て、北野映画がなぜヨーロッパ映画人に評価されるのか、私にもようやく少しだけわかった。しかし私は北野武映画を優れた映画作品と認める気にはならない。たけしには映画監督の才能はない。

監督であるダルデンヌ兄弟は、人間の本能と欲望をまるで動物の行動のように描く。単なる社会派映画の枠にとどまらない個性を感じる。私は、ジャン=リュック・ゴダール監督のフランス・アヴァンギャルドの名作『女と男のいる舗道』（1962年）の娼婦アンナの無機質、無感動な生の描き方につながるものを感じた。これがフランス人及びベルギー人(フランス語圏の)だと。

ヨーロッパの若者たちの失業問題も相当に厳しいようだ。

盗品を売りさばくかのように子供を売る若者

主要スタッフはダルデンヌ組の常連だ。他の出演者は『ジェヴォーダンの獣』のジェレミー・レニエなど。

ソニアはアパートに鍵がかかっていて、部屋に入れないので、簡易宿泊所に泊まる。ブリュノは夜中に抜け出して盗んだビデオカメラを闇取引の女に売る。自分の帽子をつけて４５０ユーロになった。その金で携帯電話用のカードを手に入れる。女はブリュノに「お金を払ってでも子供を欲しがる人もいるんだよ」と告げる。

ブリュノは盗んだ宝石を売る。３００ユーロ。その金で今度は乳母車を買い、車を借りる。ソニアと赤ちゃんを乗せて、つかの間のドライブをする。

久し振りのデートを楽しむ。母となったとはいえ、ソニアはまだ18歳の女の子だ。まるで子供のようにじゃれ合い、無邪気に追いかけっこをする。部屋に戻ると子分のスティーヴが、盗みの取り分を受け取りにくる。ビデオカメラが４５０、宝石が３００ユーロ。いくらで売れたかを話すブリュノ。子供相手といっても、仲間の分け前をごまかすことはしない。その日、育児福祉センターの人が来て赤ちゃんのジミーの様子を見てゆく。

役所に子供の認知届を出す。満足げなソニア。フランス庶民は、政府とカトリック教会の結婚管理（婚姻はカトリック教会の儀式《サクラメント》のひとつだ）を嫌って法律上の結婚をしない。従って婚姻届を出さない。フランス国民の実に7割が婚姻届を出さないらしい。だからほとんどの家庭が事実婚《じじつこん》である。驚くべき事実だが日本ではあまり知られていない。だから子供の認知《にんち》届けだけをする。「真面目に働いて欲しい」とソニアは頼む。しかしブリュノは相手にしない。残った金で、ソニアにお揃いの皮ジャンを買ってあげる。ふたりは職業斡旋所に行くが、ブリュノは長蛇の列を見てうんざりしてその場を立ち去る。列にはソニアだけが残り、ブリュノは赤ちゃんのジミーを連れて散歩をする。ふと思いついて、闇取引の女に電話する。「いくらで子供を買ってくれるの」。

ブリュノは買い手に指定されたビルに入る。エレベーターが壊れているので、慣れない手つきでジミーを胸に抱き、階上へ向かう。子供を空室に置き、部屋を離れる。数分後、そこにジミーの姿はなく金が置いあった。

ブリュノはソニアに黙って子供を売ったのだ。

戻ってきたブリュノと空の乳母車を見て、ソニアは血相を変えてジミーの行方を尋ねる。「子供は売った。またできるさ」と屈託なく金を見せながら言う彼の言葉に、ソニアは卒倒してしまう。ブリュノはソニアを病院に運ぶ。

意識を戻さないソニアに「僕がすべて解決するから」と伝言を残し、ジミーを取り戻しに出かける。自分たちに足がつくのを恐れた買い手から、何とか子供は取り戻せた。しかし闇売買に関わったチンピラから「もうけ損ねた分を返せ」と脅される。

病院に戻るとソニアがことの次第を警察に話していた。捕まりたくない一心で、ブリュノは「子供は母親に預けただけだ。彼女が浮気をしたいから俺を刑務所に入れる気だ」と嘘を言う。自分の母親に口裏を合わせてもらおうと、母のアパートを訪ねる。母は見知らぬ男と一緒だった。母は息子の口裏合わせに協力を約束する。

空《から》の乳母車を押し、病院から出てくるソニアをブリュノは迎えに行く。しかしソニアは口をきこうとしないし、顔も見ない。家に着いてもなお、ソニアはジミーを片時も離さず抱いたままブリュノを無視しつづける。「こだわるなよ」と気軽になだめるブリュノ。ソニアの怒りは頂点に達し、ブリュノを乳母車と共に追い出す。

乳母車とソニアの服を売り払うブリュノ。乳母車は65ユーロ。皮ジャンは1ユーロになった。その金でビールを飲もうとしたところ、昨日のチンピラたちに見つかり、金をとられてしまう。身ぐるみはがされ、一文無しになったブリュノはソニアの元へ帰る。だがソニアはまったく取り合わない。「別れたくない。お前が必要だ。愛してる」とすがりついても「よくもそんなウソがつけるわね」と拒絶される。「せめて金を貸してくれ」と無心をしても無視される。

ブリュノは川沿いの小屋で段ボールに包まって一晩を過ごす。

金に困り、まだ16歳の子分のスティーヴとひったくりをする。成果は上々だが、執拗に盗まれた人の車が追いかけてくる。川で行き止まり、スティーヴと共に川に身を沈め、なんとかやり過ごした。だが、まだ子供のスティーヴには真冬の水は冷たすぎた。身体が凍え、動けなくなる。あまりの痛みにわんわんと泣くスティーヴ。その冷えきった足を懸命にさすってやる。急いでスクーターを廻し、スティーヴと共に逃げようとする。ブリュノがスティーブから離れたそのとき、警察がやってきて、スティーヴは補導されてしまう。ブリュノは黙って見過ごす。スクーターを押してブリュノが向かった先はソニアのいる部屋だ。しかし、彼女は不在だった。

ブリュノはスティーヴが保護されている警察に向かった。スティーヴとの面会を求めて、彼にスクーターのキーを渡し、警官に「自分が首謀者だ」と名乗り出る。

服役するブリュノ。ソニアが訪ねてくる。「ジミーは?」「元気よ」——初めて、ブリュノの口からジミーの名前が出たそのとき、ブリュノは嗚咽をあげた。あとからあとからとめどなく溢れる涙。ソニアとブリュノはただ泣き続け、強く抱きしめあった。

ルーマニアの女子大生たちの世界

『4ケ月、3週と2日』

原題：4 LUNI, 3 SAPTAMANI SI 2 ZILE

製作国：ルーマニア（2007／113分）
監督：クリスティアン・ムンジウ
出演：アナマリア・マリンカ／ローラ・ヴァシリウ／ヴラド・イヴァノフ／アレクサンドル・ポトチェアン／ルミニツァ・ゲオルジウ

チャウシェスク独裁政権下のルーマニア。チャウシェスク大統領（1989年12月に国外脱出しようとして夫妻で銃殺された）によって個人の自由が制限されていた80年代。

法律で禁じられた妊娠中絶をしようとする女子学生と、それを手助けするルームメイトが送る辛く長い一日を徹底したリアリズムで描き出している。2007年のカンヌ国際映画祭で最高賞のパルムドールを受賞。

『4ヶ月、3週と2日　デラックス版』DVD　価格：4700円＋税　発売元：コムストック・グループ
販売元：NBCユニバーサル・エンターテイメント

自由がなかった国の女性の苦悩と決意

ルーマニアの映画だから、また旧《きゅう》東欧の重苦しい共産主義政治体制の話だろうと思って観た。大枠はその通りだったのだが、内容はそう簡単ではなかった。２００７年のカンヌで最高賞《パルムドール》を取っただけのことはある。

舞台は１９８７年と設定しているから、まだチャウシェスク独裁体制の末期の貧しいルーマニアである。当時、ルーマニア政府は労働力を確保するために国民に子供を４人まで作るよう奨励し、妊娠中絶は禁止されていた。ところがその一方で、食糧は配給制であり、自由市場は闇市場《やみいちば》しかなく国民は耐乏生活を強いられ、捨て子と孤児がたくさんいたそうである。

話は、首都ブカレストの大学の学生寮に住む女子学生が妊娠して、非合法で中絶手術を受けるというものだ。寮のルームメートのガピツァが妊娠した、と知ってオティリアは中絶手術を受けるのに協力する。なんとかお金をつくって闇《やみ》堕胎をしてくれる男べべと待ち合わせる。病院ではなくてホテルの部屋を借りてそこのベッドで行われる手術の様子を淡々と無造作に描いたので、私たち見る者は息をのむ。現在のルーマニアは自由な国となり中絶は合法化されているので、闇堕胎で亡くなる女性はいなくなったそうだ。

たとえ若くても女たちはこういう段になると気丈《きじょう》である。目の前の自分たちの現実に冷静に対処してゆく。「俺は捕まったら懲役五年の刑なんだぞ」と脅してくる堕胎医のべべに、女同

ルーマニアという国の人々の暮らしと
住宅地の高層アパート群の様子がわかる

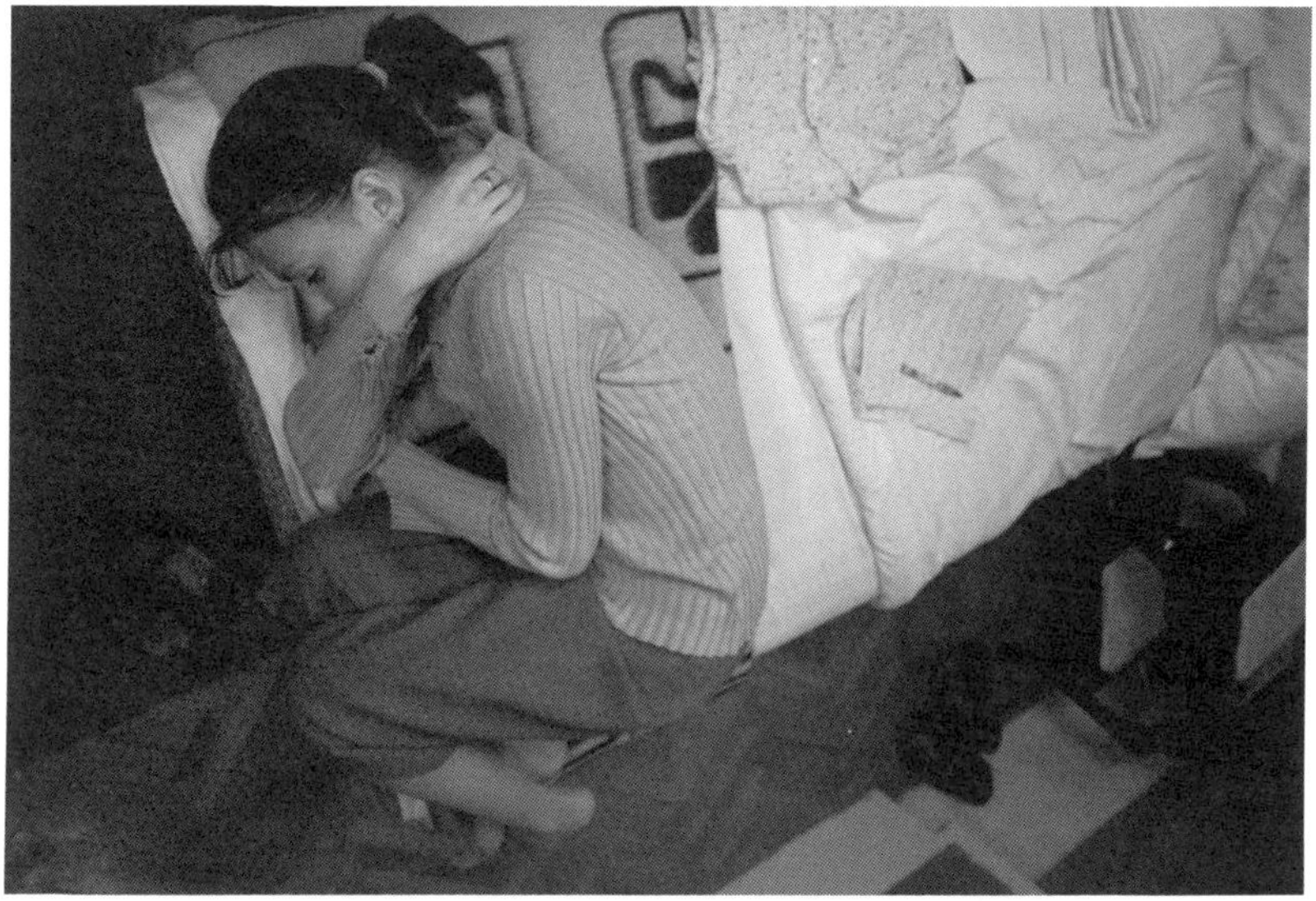

自分が妊娠したと知ったガビツァはベットにうずくまる。

オティリアは、親友が堕胎手術するための金を恋人のアディに頼んで大学で受け取る。

士の友情を支えに、オティリアは重大な決意をする。なんと、それは金銭（代金）以外に、オティリアの肉体をべべがその場でさもしく求める、というものだった。これが男と女からなるこの世の真実だ。

手術の後、部屋のトイレで、ガピツァが産み落とした血まみれの胎児を包み込んでオティリアは外に出る。べべは、「犬が掘り返せるような埋め方はするなよ。発覚するぞ。高層アパートの高い階まで上ってゴミ・シューターに投げ込むんだ」と助言した。ところがガピツァからは「お願い。土に埋めてね」と頼まれていた。オティリアはブカレストの荒れ果てた夜の郊外の住宅街を怯えながらさまよう。

映画は、その時々の、人類の最先端の課題と苦悩に、果敢に挑戦した作品が秀作として評価される。それがまさしく政治映画《ポリティカル・ムーヴィー》だ。このルーマニア映画は、女性の妊娠、中絶という人類の不可避の課題に挑戦する。一切のきれいごとを言わず、余すことなく正面から描いて成功している。だから2007年のカンヌ国際映画祭のパルムドールを受賞した。

片や、ハリウッド映画にも似たような若者の妊娠映画があった。しかし、こっちは気の抜けるようなお笑いの「子供を産むか。あるいは都合よく流産してしまう」ことでお茶を濁して偽善的だ。中絶手術（アボーション）を積極に肯定する映画を作ったら、今のアメリカでは袋だたきになる、では済まない。宗教右派（レリジャス・ライト）のアメリカ人たちが映画館の前で大騒ぎをするだろう。それが自由の国アメリカだ。

ルーマニアのような十分な資金に恵まれず制作環境の劣悪な国でも、映画監督は己《おのれ》の才能一本で、世界の「人類の先端課題の競争」の競技場《アリーナ》で、先進諸国と互角に闘う。この意味ではオリンピックと似ている。選手ひとりひとりの資質《ししつ》だけが問われる。豊富な資金で作る、腐敗した人騙しの暴力映画ばかりのハリウッド映画なんかには負けない。

再度、あらすじを追う。1987年のルーマニア。女子大生オティリア（アナマリア・マリンカ）は、ルームメイトのガビツァ（ローラ・ヴァシリウ）とキャンプにでも出かけるかのようにのんびりと身支度を整えた。そしてひとり寮を出る。彼女は大学で恋人のアディ（アレクサンドル・ポトチェアン）と会って頼んでおいたお金を受け取る。アディは自分の母親の誕生パーティーに彼女を誘うが、オティリアはそれどころではなかった。アディに不信感を抱かせたまま、二人は気まずく別れる。

そして、彼女はガビツァから言われていたホテルに向かう。宿泊予約を確認するためだったが、フロントで「予約は入っていない」と断られる。やむなく別のホテルに予約を入れ、ガビツァに連絡を取ると、自分の代わりに男に会いに行って、と頼まれる。思い通りに事が運ばないことに不安を感じるオティリア。ガビツァに指示された通りに闇の堕胎医のベベ（ヴラド・イヴァノフ）と会ったオティリアは、2人でホテルへ向かう。

ホテルが当初の約束のホテルから変更になったと言われて、無愛想なベベの機嫌がさらに悪化した。彼を怒らせるわけにはいかないオティリアは、黙って愚痴を聞いた。ガビッツァはホテルの部屋で2人を待って、ベットに横たわり堕胎の手術を受けようと準備していた。

ホテルも待ち合わせた女も違うと、ベベは2人に怒りをぶちまける。「これからやるのは犯罪行為なんだぞ。妊娠中絶は重い刑になる。わかっているのか」詰め寄られた2人は、お金が足りないことを告白した。ベベはあきれて、話にならないと帰りかける。二度とない中絶手術のチャンスを逃がすまいと必死にすがりつくガビツァ。そのとき、オティリアは覚悟を決めて自分の体をベベに差し出した。

バルト海を挟《はさ》んでドイツを嫌う本当はワルい映画だ

『ミレニアム ドラゴン・タトゥーの女』
原題：MAN SOM HATAR KVINNOR

製作国：スウェーデン／デンマーク／ドイツ（2009／153分）
監督：ニールス・アルデン・オプレヴ
出演：ミカエル・ニクヴィスト／ノオミ・ラパス／スヴェン=ベッティル・トーベ／イングヴァル・ヒルドヴァル／レナ・エンドレ

スウェーデンの作家スティーグ・ラーソンの処女作にして遺作となった大ベストセラー小説の映画化である。原作は世界中で2100万部を売り上げたミステリー巨編。

社会派ジャーナリストの主人公ミカエルと、社会を拒絶して生きる天才ハッカーの女、リスベットが手を組み、バルト海の孤島に暮らす大企業の経営者一族をめぐる血塗られた過去の謎に迫った。

『ミレニアム　ドラゴン・タトゥーの女』DVD　価格：3800円＋税
発売元：株式会社パラディソ、株式会社デイライト　販売元：アミューズソフト

近代人の狂気を見せるミステリー

北欧のスウェーデン国内で大評判となった小説（2005年）が原作。人気はヨーロッパ中に広がった。それの映画化である。女性虐待、ナチス・ドイツの亡霊、個人の性癖としての異常性欲、それらが関係し合う真相を追いかける者たちを描く。ミステリー映画であるから謎解きに向かう見せ場もたくさん準備されている。全体に『羊たちの沈黙』（1991年）や『ダ・ヴィンチ・コード』（2006年）に似た雰囲気を持つ。

首都ストックホルムからさらに約200キロ北の海岸沿いのヘーデビー島で、40年前に少女が失踪した。ドラゴン・タトゥー（竜の入れ墨）を背中に彫り込み、少女時代に精神に深い傷を負ったリスベット（ノオミ・ラパス）が、映像記憶の超能力を持つ女性ハッカーとして登場する。主人公の雑誌記者のミカエル（ミカエル・ニクヴィスト）は自分が書いたこの事件についての記事で訴えられて名誉毀損罪で有罪となり、入獄を控えていた。リスベットがミカエルに近づき2人でこの失綜事件を追う。その過程で、スウェーデンの大富豪一族の過去が暴かれてゆく。

自分の城を訪れた、あるいは誘拐してきた女性たちを殺して剝製《はくせい》にし壁に飾っていたという「青ひげ男爵伝説」はヨーロッパの深い精神の病を示している。青ひげ男爵のモデルは実在のジル・ド・レ男爵（1400～1440）とされる。この映画も、洗練された技法で人間の心

バルト海を挟んでスウェーデン（カール12世）はかつて「バルト帝国」を名乗って、ロシアのピョートル大帝とぶつかった（1709年、ポルタヴァの戦い）

ジャーナリストと天才ハッカーの女がスウェーデンの大企業経営者一族の血塗られた過去に迫っていく。

理の奥まで降り、さまざまな人間の陰影を見せる。こういう心理ドラマを見せられるたびに、トゲトゲしく研ぎ澄まされた感受性とは心底《しんそこ》イヤなもので、人間とは残酷な生物だとつくづく思う。平和な暮らしの中にあって、人はどうしてこうも近親者や職場の人間関係で他者と傷つけ合うのかとため息が出る。

人類の近代《モダン》とは何か。モダーン modern は、実は今からちょうど500年（5世紀）前に、ヨーロッパに出現したのだ。その前には存在しない。ヨーロッパ人という人間たちは今からちょうど500年前（1530年代から）に、いち早くこの近代に到達してしまった人々だ。

このあとヨーロッパは、17、18世紀に世界中の残りの部分《リージョン》（地域）を征服、支配して大繁栄を築いた。その後、ヨーロッパの近代人《モダーンマン》は、人類《マン》の達成すべき目標を実現してしまったがゆえに、他にもう何もすることがなくなった人々のことである。ヒトは、このあと一体何を目指して何のために生きてゆけばいいのか。実は、世界規模でわからなくなった（あなた、だけでなく）。

それで日系人のアメリカの思想家、フランシス・フクヤマが、1989年に、ソビエト・ロシアの崩壊が決定的になった時に、『（人類の）歴史の終わり』"*The End of History and the*《ジ・エンド・オブ・ヒストリー・アンド・ザ・》 *Last Man*《ラスト・マン》, 1989" を書いたのだ。人類（人間）史は、ひとまずここで終わった、とした。そうすると、そのあとの今も生きている私たちは一体、何なのだ、ということになる。これ以上は誰も答えが出なくなった。当のF・フクヤマ自身も今ももがき苦しんでいるようだ。

ヨーロッパ文明《シビライゼイション》以外の文明は、今もここに至る途上である、と考える。そのように考えることに世界基準《ワールドヴァリューズ》でなっている。西欧近代人《モダーンマン》は、解き明かされるべき人類の大きな真理《トゥルース》はもはやこの地上にない、といち早く気づいてしまった。これは、人類の不幸そのものであり、ゆえに必然的に人類は狂気を内包する。

その狂気がヨーロッパ諸国でミステリー文学の金字塔を次々に打ち立てた。そうした作品の1つが原作小説そしてこの映画である。北欧の荒涼たる海辺の向こうの小さな島の屋敷で、静かな狂気が繰り広げられる。

北方の寒冷の地にあって、高度福祉国家を実現しているスウェーデンにも、それなりの苦悩があることがわかる。この映画を観ていると、私たち日本人には、スウェーデンはやっぱりドイツとイギリスの文化《カルチュア》が混合している国に見える。繊細で神経質な感じはイギリス人で、ごつごつしていて粗野だが堅実な感じはドイツ気質だ。そして、どう考えてもドイツ人の要素のほうが大きい。バルト海を挟んで、スウェーデンはロシアそしてドイツと厳しく向き合ってきた。ミステリー作品にはその国の国民性と人々の暮らしぶりの生《なま》の部分が、意図せず食《は》み出すように露出する。

この映画は、本当はワルい映画である。過去にナチス・ドイツと結びついていたスウェーデンの大企業の一族の過去を暴くことに熱心である。しかしそのときに、スウェーデン国民は無罪であったのか。スウェーデン自身のドイツ性の問題に頰《ほお》かむりしている。いいように「西側自由世界」に自分たちを放免している。「国民は悪くなかった」と。本当なのか？

それでもスウェーデン人たちだけで作ったこの映画の質は、粗《あら》削りの部分も含めてかなり良い出来であると私は判断する。

ところが、これを改作、改悪したハリウッド製が、このあとすぐに作られた。題名もそのまま『ドラゴン・タトゥーの女（２０１１年、監督デヴィッド・フィンチャー、主演ダニエル・クレイグ、ルーニー・マーラー）という完全なリメイクものである。こんなことをするなよ、バカ・アメリカ。

再度あらすじを書いて詳細をふくらませよう。

月刊誌『ミレニアム』の発行責任者、ミカエル・ブルムクヴィストは、名誉毀損の裁判で敗訴し、ミレニアム誌から離れた。彼の身辺を調査する謎の女が現れる。天才的なハッカー技術を駆使して個人情報を収集する。黒の革ジャンに鋲《びょう》打ちのベルト、鼻ピアスの女の正体は、警備会社の調査員リスベット・サランデルだ。

やがてミカエルのもとに一本の電話がかかってくる。それは、リスベットに調査を依頼していたスウェーデンの大企業ヴァンゲル・グループの元会長ヘンリック・ヴァンゲル（スヴェン＝ベルティル・トーベ）からの面会の申し込みだった。ミカエルはスウェーデン北部のヘーデビー島を訪れる。財閥のヘンリックは、ミカエルに自分の姪のハリエット（エヴァ・フレーリング）の写真を差し出し、事情を説明する。

1966年9月22日、ヴァンゲル一族の家族会議の日に島に来て「伯父さまと会ってお話しがしたい」とヘンリックに告げていた。だがハリエットは忽然と姿を消した。捜索の結果、彼女は何者かに殺され遺体は遺棄されたらしい。だが、何も証拠が出ずに時が流れた。ところがハリエットが伯父のヘンリックの誕生日にプレゼントした押し花が、今でも毎年、贈られてくるという。「自分が生きているうちに真相を知りたい」とヘンリックは、ミカエルに真相究明を依頼した。

調査を開始したミカエルはヴァンゲル一族の隠された過去を知った。ハリエットの父は、ナチス政権に加担していたヘンリックの弟である。自分の両親の酒浸りが問題になって、娘のハリエットはヘンリックのもとに引き取られていた。その後、ハリエットの父は海岸で溺死した。

ミカエルはハリエットが残した日記帳から電話番号を発見する。ドラゴン・タトゥーを背中にした女リスベットもミカエルのPCをハッキングして、その電話番号にたどり着く。その数字から衝撃の事実を解明したリスベットは、謎を解くヒントをミカエルにメールした。

このあとは自分で映画のDVDを借りて観なさい。

あとがき

私はヨーロッパとアメリカの映画から多くを学んできた。中学・高校生の休みの日に、自転車をこいで出かけて、地方都市の朽ちた映画館の「名画座」に、３００円也を払って欧米の古ぼけた名作映画を観《み》に通った。

欧米の政治映画（あるいは歴史もの映画）を観ることで、私はものすごく多くのことを知った。私の脳はそれらの多くを今も記憶し保存している。世界理解と政治知識、政治思想の吸収において、欧米の映画を見ることで得たものが、後《のち》の私の政治思想の研究の3割ぐらいの糧《かて》（原資料）になっている。

しかし私は、たかが思想の輸入業者に過ぎない。そのように厳しく自覚し自己限定している。私は欧米の先端の政治思想（political thoughts《ポリティカル・ソーツ》）の流派のあれこれを日本国内のインテリ読者人層に、なんとかわかるように丁寧に解説してきた。それらを日本に移入し、導入し、移植《トランスプラント》する仕事しかしていない。この作業は、日本の映画配給会社が、外国映画の権利を買ってきて日本語字幕《スーパーインポーズ》をつけて、優れた解説紹介文のパンフレットを作成するのと同じことだ。

ただし私の場合は、この仕事をいささかドギツクやる。ストーリー（物語《ものがたり》）の裏側の真実を、さらにひんむいて実感のこもった日本文にしないことには、日本の大方《おおかた》の読書人階級になかなかわかってもらえない。日本言論人としてのこれが私の職分だ。難渋《なんじゅう》で難解な論文に仕立てることでしか日本に欧米の諸《しょ》政治思想を輸入することができないバカ学者たちの作業とは自《おの》ずと異なる。映画はあくまでお金を払って観てくれる大衆観客にとっての娯楽（アミューズメント）である。このことを忘れて、クソおもしろくもない気取り屋たち（今や絶滅種《ぜつめつしゅ》に近い）による高級知識の押しつけのようなことを、私はしない。私はこの国の、少数だが（10万人が限度だろう）感と勘《かん》の鋭い、政治見識（知能）的に優れた人々（学歴なんかなくてもいい）とともに常にある。彼ら（すなわち皆さん）とともに生きて死んでゆければ、それでいい。それが「ああ、こんな国に生まれてしまった」、私の運命だ。

2014年12月

副島隆彦

副島隆彦による政治映画評論の既刊の3冊

『ハリウッド映画で読む世界覇権国アメリカ〈上〉』（講談社プラスアルファ文庫）
『ハリウッド映画で読む世界覇権国アメリカ〈下〉』（講談社プラスアルファ文庫）
『アメリカ帝国の滅亡を予言する』（日本文芸社）

副島隆彦（そえじま・たかひこ）
1953年福岡市生まれ。早稲田大学法学部卒業。外資系銀行員、予備校講師、常葉学園大学教授などを歴任。政治思想、法制度論、経済分析、社会時評などの分野で、評論家として活動。副島国家戦略研究所（SNSI）を主宰し、日本初の民間人国家戦略家として研究、執筆、講演活動を精力的に行っている。主な著書に『属国・日本論』『世界覇権国アメリカを動かす政治家と知識人たち』『預金封鎖』『靖国問題と中国包囲網』『ハリウッド映画で読む世界覇権国アメリカ〈上〉〈下〉』『アメリカ帝国の滅亡を予言する』他多数。

ホームページ「副島隆彦の学問道場」URL　http://www.snsi.jp
【e-mail】GZE03120@nifty.ne.jp

副島隆彦の政治映画評論　ヨーロッパ映画編

2015年1月1日　　1刷発行

著　者　副島隆彦
発行者　唐津 隆
発行所　株式会社ビジネス社
〒162-0805　東京都新宿区矢来町114番地 神楽坂高橋ビル5F
電話　03(5227)1602　FAX　03(5227)1603
http://www.business-sha.co.jp

〈印刷・製本〉中央精版印刷株式会社
〈カバーデザイン〉熊澤正人＋村奈諒佳（パワーハウス）
〈本文組版〉エムアンドケイ
〈編集担当〉岩谷健一〈営業担当〉山口健志

ISBN978-4-8284-1788-2